KB052695

알면 보이는
모두의 인권

왜요,
제 권리
인데요?

왜요, 제 권리인데요?

알면 보이는 모두의 인권

초판 1쇄 펴낸날 2021년 5월 28일
초판 3쇄 펴낸날 2023년 3월 15일

지은이 오승현
펴낸이 이건복
펴낸곳 도서출판 동녘

책임편집 김혜윤 구형민
편집 정경윤 김다정 이지원 홍주은
마케팅 임세현
관리 서숙희 이주원

등록 제311-1980-01호 1980년 3월 25일
주소 (10881) 경기도 파주시 회동길 77-26
전화 영업 031-955-3000 편집 031-955-3005 **전송** 031-955-3009
블로그 www.dongnyok.com **전자우편** editor@dongnyok.com
페이스북·인스타그램 @dongnyokpub
인쇄·제본 영신사 **종이** 한서지업사

ISBN 978-89-7297-994-4 (43330)

왜요, 제 권리인데요?

알면 보이는 모두의 인권

오승현 지음

동녘

인권은 발명되었다

"제발, 죽 조금만 더 주세요."

찰스 디킨스의 《올리버 트위스트》에서, 너무 배가 고픈 주인공은 건더기 하나 없는 멀건 죽이라도 조금 더 먹고 싶다고 말해. 그 말 한마디로 주인공은 머물던 구빈원에서 쫓겨나고 말지. 구빈원은 당시 고아원의 일종이야.

《올리버 트위스트》는 19세기 영국의 풍경을 여실히 보여주는 소설이야. 부모 없는 아이들은 구빈원에서 살았어. 그곳에서 아이들은 헌 밧줄을 풀었다 다시 꼬는 일을 했지. 한 사발의 죽이라도 얻어먹으려면 일을 해야 했거든. 산업혁명 초기, 영국의 빈민가 어린이들은 공장이나 탄광에서 하루에 12~19시간씩 일했어. 거의 잠만 자고 일했던 셈이지. 소설 같은 얘기지만, 1800년대 영국에서 실제로 벌어졌던 일이야.

1819년 아동 노동을 규제하는 법안이 영국 의회에 상정됐어. 그런데 아홉 살 미만의 아동만 고용이 금지되고, 열 살부터는 여전히 고용이 가능했지. 노동 시간은 아이들을 생각(?)해서 하루 12시간으로 제한됐어. 게다가 이 법안은 근로 환경이 아동의 건강에 특별히 유해하다고 인정된 면직 공장에만 적용되었지. 즉 다른 공장에서는 여전히 아홉 살 미만의 어린이를 고용할 수 있었어.

그러나 이 법안은 거센 반발에 부딪히고 말았어. 반대파들은 이 법안이 자유 시장의 질서를 파괴한다고 주장했어. 가난한 아이들은 일을 원하고 공장주들은 아이들을 고용하길 원해서, 그들 사이에 고용 계약이 흔한 시대였지. 해당 법안이 신성한 계약의 자유를 침해한다는 주장이었어. 즉 아이들에게 일할 자유를 줘야 한다는 거였지. 어떻게 생각해? 아홉 살 미만의 어린이에게 일할 자유를 줘야 할까?

지금의 시각에서 보면 아동 노동은 당연히 잘못된 일이지. 아직 다 자라지 않아 보호를 받아야 할 존재에게 힘든 노동을 시키면 안 되잖아. 그러나 19세기엔 아동 노동이 흔했어. 이전까지 인정되지 않던 권리, 가령 '아동 보호' 같은 권리를 요구하면 궤변으로 여겼지. 하지만 끊임없는 외침과 논쟁, 투쟁 끝에 지금은 많은 사람들이 어린이의 권리를 보호해야 한다고 생각하게 됐어. 이처럼 한 시대에 당연했던 일도 시간이 지나면 당연하지 않은 일이 돼. 인권의 역사가 바로 그러했어.

1789년 8월 26일 선포된 프랑스 인권 선언 제1조는 모든 사람은 자유로운 존재로 태어났고, 똑같은 존엄과 권리를 가진다고 선언했지. 그러나 과연 모두가 똑같은 존엄과 권리를 누렸을까?

1789년에 프랑스 대혁명이 일어나고 모두가 투표권을 얻었을까? 아니었어. 당시 투표권은 재산과 성별에 따라 주어졌어. 그래서 귀족과 부르주아지, 즉 자본가에게만 투표권이 주어졌지. 심지어 오직 남성에 한해서만 그랬어.

20세기 초반이 돼서야 재산과 무관하게 노동자를 비롯해 농민과 빈민에게도 투표권이 주어졌지. 그런데 그때까지도 여성에게는 투표권이 없었어. 완전한 보통선거가 실시되기까지 수백 년의 시간이 걸렸지.

영국도 비슷한 과정을 거쳤어. 1832년에는 일정한 재산을 가진 사람들만 투표에 참여할 수 있었지만, 꾸준한 투쟁으로 점차 범위가 넓어졌어. 1867년에는 도시 노동자가, 1884년에는 농민과 광산 노동자가 선거권을 얻었지.

놀랍게도 여성의 참정권이 보장되기 시작한 것은 오래되지 않았어. 최초의 여성 참정권은 1893년 뉴질랜드에서 도입됐어. 이후 1913년 노르웨이, 1915년 덴마크·아이슬란드, 1917년 네덜란드·러시아, 1918년 스웨덴·폴란드, 1919년 미국·독일 등에서 여성의 참정권이 보장됐지. 민주주의의 본산인 영국과 프랑스는 그보다 더 늦었어. 영국은 1928년, 프랑스는 1944년에 여성의 참정권이 인정됐어. 참정권을 얻기 위해 오랜 세월 끈질기게 투쟁을 벌인 결과였지.

1789년 여성운동가 올랭프 드 구즈는 프랑스 인권 선언이 남성(man) 인간(Man)의 권리만을 인정하고 있다고 비판하면서 '여성 권리 선언'을 발표했어. "여성은 권리에 있어 자유롭고 남성과 평등하게 태어나고 존재한다." 프랑스 인권 선언의 주어를 여성으로 바꿔서, 여성 또한 남성과 똑같은 권리를 갖고 있다는 걸 보여준 거야.

올랭프 드 구즈는 '여성으로서의 미덕을 망각한 죄'로 단두대에서 처형되기 전에 이렇게 말했어. "여성이 단두대에 오를 수 있다면 평등하게 의회 단상에 오를 권리도 있다." 국가가 여성에게 정치적 책임을 묻는다면 동시에 여성의 정치적 권리도 보장해야 한다는 뜻이야. 올랭프 드 구즈가 단두대의 이슬로 사라진 1793년으로부터 150여 년이 흐른 뒤에야 비로소 프랑스 여성들은 남성과 동등한 선거권을 갖게 됐어.

민주주의의 역사는 인간의 기본적인 권리를 확대해 온 역사였어. 민주주의는 인권을 확대해 왔고, 그렇게 확대된 인권은 민주주의를 더욱 두텁게 만들었지. 특히 참정권의 확대는 민주주의와 인권을 잇는 중요한 징검다리였어. 2019년 한국은 선거 연령을 만 19세에서 만 18세로 낮췄어. 반세기 가까이 이어져 온 참정권 운동이 맺은 결실이었지. 선거 연령이 한 살 내려간 만큼, 우리의 민주주의도 한 뼘 성장하지 않을까?

천부인권이라고 하지만, 처음부터 하늘에서 내려 준 인권이 있었던 건 아니야. 인권이라는 개념은 발명되었어. 물건도 아니고 개념을 어떻게 발명하냐고?

가령, 신분제도가 존재했고 임금이 나라의 주인('나라님')이었던 조선시대의 백성을 '시민'으로 부를 수 있을까? 시민이라고 말하려면 자유로운 의견 표명이 보장되고 사회문제에 적극적으로 참여할 수 있는 민주적인 사회여야 하겠지. 나라의 주권이 국민에게 있다는 '국민 주권'도 필수일 테고. '민주주의 사회'라는 기준을 통과해야 백성은 시민이 될 수 있어.

인권(人權), 말 그대로 사람의 권리야. 모든 사람은 태어날 때부터 자유롭고 존엄하며 평등하다는 원칙, 그리고 누구든지 다른 조건 때문이 아니라 단지 사람이기 때문에 가질 수 있는 최소한의 권리가 있다는 생각을 더해 사람의 권리, 즉 인권이라고 부르지. 그런데, 인권의 범위는 어디까지일까? 참정권을 최소한의 권리, 즉 기본권으로 인정하더라도 몇 살부터 참정권을 보장할 것인가는 나라마다 달라. 한 사회 안에서도 인권 의식이 높아질수록 참정권이 보장되는 연령은 낮아지지. 참정권의 연령이 계속 낮아진 것처럼 인권의 개념 역시 계속 확대됐어. 인권의 절대적인 개념은 고정돼 있지 않으니까 말이야.

인권의 개념 안에 어떤 내용을 담을 것인가, 누구까지 넣을 것인가를 줄곧 고민하면서 인권의 울타리는 점점 커져 왔어. 한때는 적군 포로의 인권을 인정하지 않은 적도 있었지만, 1949년 제네바협정이 체결되고 나서 포로의 인권이 보장되기 시작했지. 이처럼 인권의 개념과 범위는 닫혀 있지 않고 거듭 발전하면서 풍요로워졌어. 개념은 깊어지고 범위는 넓어졌지.

서양에서 들어온 인권 개념이 동아시아에 처음 소개된 게 1868년경이야. 당시 일본 지식인들은 '권리

(權利)'라는 말의 의미를 제대로 이해하지 못했어. 그 결과, 19세기 후반까지도 '인권'에 적절한 의미를 정하지 못했지. 사정은 조선도 다르지 않았어. '권리'와 짝을 이루는 '개인'이라는 개념은 개화기는 물론이고 식민지 시절, 나아가 해방 이후에도 충분한 의미를 내포하지 못한 채 오늘에 이르렀지.

오늘날 한국 사회에서 인권은 촘촘하지 못한 그물이 아닐까? 그물코가 성글다 보니 개인의 존엄이 침해되는 일들이 도처에서 끊임없이 일어나지. 약자와 소수자에 대한 차별과 배제, 성폭력, 학교폭력(학생끼리의 폭력만이 아니야), 디지털 성범죄, 피해자에 대한 2차 가해 등이 모두 그 결과일 테지. 우리에게 인권은 여전히 채워 넣을 게 많은 개념이야.

그러니 모두가 힘을 합쳐 채워 넣어야 하는 거지. 천부인권이라지만 하늘이 나서서 인권을 지켜 주지는 않거든. 특히 소수자와 약자가 인권의 울타리 안에서 존중받아야 해. 나와 상관없는 일 같아 보이지만 그렇지 않아. 가장 낮은 자리에 있는 이들의 인권이 보장될 때 그 사회의 모든 구성원의 인권이 보장될 수 있어. 우리 모두가 연대할 필요가 있지.

청소년의 인권도 연대가 필요해. 어떤 어른들은 청소년 인권을 애써 생각하고 배려해 준다고 여기지. 그러나 누군가의 인권은 애써 '생각해 줄' 문제가 아니라 당연히 '생각해야만'

하는 거야. 어른들이 마땅히 생각해야만 하는 것들을 생각할 수 있도록 너희가 끊임없이 북돋워야 해. 너희를 지지하는 어른들과 연대해서 말이야.

　마지막으로 이 책의 문체에 대해서 해 둘 말이 있어. 청소년 독자들에게 조금 더 친근하게 다가가고 싶어서 대화하는 것처럼 반말로 글을 썼어. 청소년 독자들을 존중하지 않아서가 아니야. 혹시나 오해할까 봐 글을 덧붙이니 이해해 주길 바라.

차례

차별받지 않을 권리

2장

나를 안전하게
지킬 권리

3장

배제당하지 않을 권리

4장

자유롭게 살아갈 권리

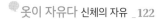

1장

차별받지 않을 권리

성별, 나이, 성적, 직업… 사람을 나누는 여러 기준이 있지.

누군가는 그것만으로 상대방을 판단하고 차별하기도 해.

여자거나 남자라고, 우등생이나 열등생이라고, 나이가 적거나

많다고 말이야. 하지만 우리에게는 차별받지 않을 권리가 있어.

우리는 하나의 잣대만으로 판단될 수 없는 존재니까.

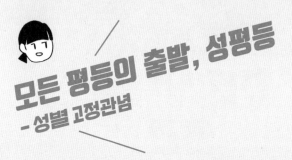

모든 평등의 출발, 성평등
- 성별 고정관념

① 삼촌
② 어머니
③ 동생
④ 할아버지

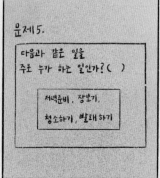

문제 5.

다음과 같은 일을
주로 누가 하는 일인가? ( )

저녁준비, 장보기,
청소하기, 빨래하기

스싹!
① 삼촌

우리 집에선
삼촌이 주로 하니까.

집안일은 누가 하나요?

만화에 나온 내용은 실제로 2018년 어떤 초등학교에서 출제된 2학년 시험 문제야. 정답은 2번, '어머니'였어. 집안일을 엄마가 주로 하는 가정도 있지만, 엄마랑 아빠가 함께 하는 가정도 있겠지. 집안일을 같이 하는 부모님을 둔 아이는 갸우뚱하지 않을까? 그 아이 입장에서 정답은 '엄마와 아빠'일 테니까.

한 문제만 더 풀어볼까. '듬직한'과 '조신한'이란 표현은 각각 여자와 남자 중 누구와 연결되는 단어일까? 보통 많은 사람들이 "여자애가 왜 이렇게 조신하지 못하니?", "남자가 듬직해야지, 우는 거 아니야. 뚝!" 이렇게 연결 지어 말하지. 단어는 단어일 뿐, 어떤 성별에게 더 어울리는 단어 같은 건 존재하지 않는데 말이야.

앞의 문제들은 남녀 역할에 대한 고정관념에 갇혀 있어. 성별 고정관념에 물든 언어 표현은 학교 안팎을 넘나들며 광범위하게 사용되고 있지. 2018년 서울시 여성가족재단에서 학교생활 중 성차별적인 말을 듣거나 행동을 경험한 적이 있는지 물었더니, 초·중·고등학교 학생 86.7퍼센트가 성차별적인 언어나 행동을 경험했다고 대답했어. 여성의 경우 87.8퍼센트가, 남성의 경우 82.5퍼센트가 그렇다고 답했지.

학교 속 성별 고정관념

　'참되고, 착하고, 아름다운 여성'. 어떤 여학교의 교훈(校訓)이야. 얌전하고 순종적인 여성상을 내세우고 있지. 여학교 교훈들 중에는 '순결'이나 '아름다움'이 유독 많아. 여성에게만 특히 요구되는 덕목일 테지. 반면에 남학교에서는 '책임', '성실', '창조' 등 주체적인 의미의 교훈이 많아. "10분 더 공부하면 미래의 아내 얼굴이 바뀐다" 같은 급훈, 들어 본 적 있니? 이런 말은 여성을 삶의 주체가 아닌 남성에 종속된 존재로 보는 것이 아닐까?

　수업 시간에 배우는 내용도 마찬가지야. 가령 국어 시간에 배우는 시적 화자의 말투를 볼까. 명령형 어미와 단정적 표현이 주를 이루는 박두진 시인의 시는 '남성적 어조', 높임말이 주로 쓰인 김소월 시인의 시는 '여성적 어조'라고 배우지. 또, 기술·가정 시간, 예절 시간 등에는 성별 고정관념에 따라 남녀에게 다른 내용을 교육하기도 해. 특히 여성에게만 강요되는 것들이 있지. 교과서에서 여성을 그린 삽화를 찾아보면, 거의 대부분 치마를 입고 있기도 해.

고정관념이 역할 고정으로

성별 고정관념은 성역할 구분으로 이어지지. 성별에 따라 다른 역할이 부여되는 거야. 2016년에 통계청이 발표한 〈일·가정 양립 지표〉에 따르면 결혼한 남성의 하루 평균 가사노동 시간은 50분, 여성은 4시간 19분이었어. 남성은 회사에서 일을 하고 여성은 가사노동만 하는 경우가 많을 수도 있다고? 좋아, 그러면 맞벌이 가정의 가사노동은 어떻게 될까? 맞벌이의 경우 남성은 41분, 여성은 3시간 13분이었어.

신기하게도 맞벌이든 아니든 여성 몫의 가사노동은 남성의 서너 배야. 이런 차이는 지난 10여 년간 거의 바뀌지 않았지. 우리나라 맞벌이 가정 남성의 가사노동 시간은 중국이나 인도보다 더 적은 편이야. 서울연구원이 발표한 조사에 따르면, 맞벌이 가구에서 아내와 남편이 집안일을 공평하게 나눠서 한다는 응답은 18.9퍼센트에 불과했어. 아내가 주로 하고 남편이 약간 돕는다는 비율은 무려 62.1퍼센트에 달했지.

집사람 VS 바깥양반

왜 집안일은 아내와 엄마의 몫이어야 할까? 여성이 전업주부일 경우라면 남성보다 집안일을 더 많이 할 수 있겠지만, 맞벌이 부부조차 여성의 가사 부담이 큰 이유가 뭘까? 성별에 대한 잘못된 관습과 문화, 그리고 그것들을 뒷받침하는 비뚤어진 인식 탓일 거야.

그릇된 인식을 형성하는 데는 말이 매우 중요한 역할을 해. 예를 들어, 남편이 아내를 가리키는 말 중에 '집사람'이란 말이 있어. 이 말은 여자의 활동 공간을 '집'으로 제한하지. 여자가 할 일은 집안일이라는 뜻이 돼. 반면에 아내가 남편을 가리킬 때는 '바깥양반'이란 말을 써. 남편이 할 일은 바깥일이라는 뜻이겠지. 바깥일은 집 밖에서 하는 경제적·사회적 활동을 뜻해. 호칭부터가 남자는 사회 활동을, 여자는 살림을 꾸리고 아이를 돌보는 집안일을 해야 할 것처럼 못 박는 거야.

미디어 속 성별 고정관념도 빼놓을 수 없지. '벡델 테스트'라는 게 있어. 영화의 성평등을 가늠하는 지수로 널리 활용되는 테스트야. 미국의 여성 만화가 앨리슨 벡델이 1985년 고안했어. 남성 일색인 영화판에서 여성이 얼마나 주도적인 캐릭터로 등장하는지를 세 가지 기준으로 판단해.

첫째, 영화 속에 이름을 가진 여성 인물이 최소 두 사람이 나올 것.

둘째, 이들이 서로 대화를 나눌 것.

셋째, 해당 대화 소재나 주제는 남성 인물에 관한 것이 아닐 것.

쉽게 통과할 수 있을 것 같지? 그런데 매년 수많은 영화들이 개봉하지만, 이 테스트를 통과하는 한국 영화는 적은 편이야. 2018년 기준으로 한국 영화의 통과율은 25퍼센트에 불과했어. 놀랍지? 그만큼 한국 영화가 남성 중심적이라는 거 아닐까? 참고로 세계 최초로 벡델 테스트를 영화 산업에 도입한 스웨덴의 통과율은 65퍼센트에 달했어. 미디어가 사람들에게 큰 영향을 끼치는 만큼, 평등한 작품을 만들기 위해 노력해야 할 필요가 있을 것 같아.

'여자답게', '남자답게'가 아니라 '자기답게'

여성성과 남성성은 태어날 때부터 정해진 생물학적 본질이 아니라 사회적으로 기대되고 규정되는 정체성일 뿐이야. 예컨 대 텔레비전 속 여자 아이돌은 '소녀소녀'하게, 남자 아이돌은 근육질의 '상남자'로 꾸며지지. 하지만 소녀스러움과 상남자 는 생물학적 본질이 아니라 사회적으로 만들어진 정체성이야. 우리는 매일, 매 순간 그러한 고정관념과 만나고 있어.

일부 청소년들은 성 정체성을 두고 고민한다고 해. 2018년 한국여성정책연구원 조사에 따르면 참여자 4065명 중 '성 정 체성(나는 남자인가, 여자인가)'에 대해 고민한 경험이 있다고 응 답한 학생이 26.1퍼센트나 됐지. 사회가 부여하는 고정된 성 정체성을 버거워하는 학생들이 적잖이 있다는 의미일 거야. 우리에게는 성별 고정관념으로는 담을 수 없는 다양한 개성이 존재해.

소설가 버지니아 울프는 《자기만의 방》에서 "인간은 남성적 여성이거나 여성적 남성이어야 한다"고 말했어. 버지니아 울 프의 말대로야. 남자와 여자라는 이분법적 틀을 버리고 자신 의 모습을 그대로 인정할 수 있어야 할 거야. '여학생은 치마, 남학생은 바지' 같은 규정, 스타킹이나 속옷 색깔에 대한 규정

등 성별 고정관념에 기반한 생활지도 기준은 사라져야겠지. 축구를 하는 남학생이 운동장을 독차지하는 등 기존의 학교 문화도 달라져야 해. 성별 고정관념을 벗어나 사람을 '있는 그대로' 바라봐야 해. '여자답게'나 '남자답게'가 아니라 '나답게', 이게 바로 우리에게 필요한 자세일 거야.

능력은 어디서 오는 걸까?
- 능력주의

권리는 성적순이 아니잖아요

성적이 우수한 학생들을 명문대 진학을 목적으로 특별 관리하는 '심화반' 운영은 금지돼 있어. 학생들 사이에 차별을 조장하기 때문이야. 그런데 심화반을 '자율 동아리'로 그럴싸하게 이름만 바꿔서 운영하는 학교들이 있어. 2019년 광주의 한 고등학교에서 심화반 학생들에게 기말고사 시험 문제 일부를 사전에 풀어보도록 했다는 의혹이 제기돼 논란을 불러일으켰어. 심화반 자체가 불법인데, 심화반 학생들에게 시험 문제를 유출하는 사건까지 발생한 거야.

2019년 전국중고등학생진보동아리총연합회는 서울 시내 중·고교 학생 1742명을 대상으로 한 학생인권조례 실태조사 결과를 발표했어. 응답 학생 중 41.6퍼센트는 학교 내에서 차별받은 적이 있다고 했지. 차별의 이유로 가장 많이 든 게 바로 성적(29.6퍼센트)이었어.

학교에서 성적에 따른 차별은 부지기수로 일어나지. 이를테면 성적이 좋은 학생이 수업 시간에 졸면 '공부하느라 피곤한가 보네' 하고 넘기고, 반대로 성적이 나쁜 학생이 졸면 '밤에 안 자고 뭐했길래 조느냐'고 나무라는 식이야. 성적이 좋은 학생에게 시설이 좋은 독서실을 제공하고, 기숙사를 성적순으로 배정하는 것은 어제오늘의 일이 아니지. 심화반은 없더라도 상위권만을 위한 자율학습실을 운영하는 학교도 많아. 그런 자율학습실은 책걸상도 고급이고 정수기가 따로 있는 등, 일반 교실보다 시설과 환경이 좋지. 전교 20등 안에 드는 학생들은 점심시간에 줄을 서지 않고 먼저 배식을 받는 학교도 있어.

공정성 이면의 불공정

2016년 10월 최순실 씨가 국정에 개입했다는 의혹이 밝혀지면서, 이듬해 3월 헌법재판소는 재판관 8명이 전원 일치된 의견으로 박근혜 대통령에 대한 파면 결정을 내렸어. 최순실 씨의 딸은 대학 입학과 학점에 특혜를 받았는데, "돈도 실력이야"라고 말했다가 사회적 공분을 샀어. 실력은 능력과 노력의 합이고 개인의 실력으로 공정하게 경쟁해야 하는데, 권력과 재력 같은 외부 요인이 끼어들었기에 터진 분노였지.

자격 있는 소수를 선발해야 할 때, 사람들은 수능 같은 시험을 치르고 합격 여부를 정하는 게 가장 공정한 방법이라고 생각해. 객관적으로 실력을 측정할 수 있는 시험은 모두에게 똑같은 기회를 보장하고 과정과 절차가 투명하니까. 기회가 평등하고 과정이 공정했으면 개인의 능력에 따라 결과가 달라지는 건 당연하다고 여기지. 이런 경향을 능력주의라고 불러. 그런데 이런 능력주의에 따르면, 능력에 따른 결과의 차별은 정당하다는 논리로 이어지기도 해.

능력주의의 뿌리는 아주 깊지. 우리가 걸음을 시작할 때부터 우리를 지배하거든. 아기가 걷고 말하기 시작하면 부모들은 으레 "누구보다 더 빠르네, 느리네" 같은 말을 하잖아. 또래 평균치보다 말을 잘하면 '우리 애가 천재인가'라고 생각하고, 평균치보다 못하면 '문제 있는 거 아닌가' 하며 근심 걱정에 잠 못 이루지.

성장 속도가 조금 빠른 아이도 있고, 조금 늦은 아이도 있어. 조금 늦되더라도 큰 문제는 아니야. 사실 꼭 평균 안에 들어야 하는 것도 아니지. 그게 그 아이를 행복하게 만들어 주는 건 아니잖아? 그런데도 부모들은 아기의 능력을 비교하고 걱정하지. 그런 태도는 젖먹이 시절부터 유아 때까지 계속 이어지고, 학교를 들어가도 마찬가지야. 그렇게 능력을 비교하고 능력에 따라 사람을 평가하는 태도가 알게 모르게 우리 머릿속에 깊이 뿌리 박혀 있는 거야.

왜곡된 능력주의

우리 사회는 왜곡된 능력주의에 치우쳐 있다고 할 수 있어. 시험 성적이 모든 것을 압도하거든. 시험 만능 사회야. 시험만 공정하면 된다는 생각은 자칫 기회와 과정이 평등하다는 착각을 넘어 결과에 대해서 일절 불평하지 말라는 독선을 낳지. 그 절차가 정말로 완벽하게 공정한지 의문을 품으면 "당연히 공정한 시험 결과 아니야?"라고 반문해. 한날한시에 철저한 감독하에 시험이 치러지는, 기회의 공정성이 공정의 전부라고 착각하거든. 그래서 1등은 박수를 받고, 1등이 아니면 외면을 당하지.

1등이 보상을 독차지하고 나머지는 부스러기를 주워 먹는 상황을 '승자 독식'이라고 불러. 최고 경영자와 노동자 사이의 수십에서 수백 배까지 달하는 임금 격차가 대표적이야. 통계청의 〈2018년 한국의 사회지표〉를 보면 노동자 임금은 고등학교 졸업자가 받는 금액을 100으로 할 때 중학교 이하 졸업자가 84.8퍼센트, 전문대 졸업자가 113.2퍼센트, 대학교 졸업자가 152.4퍼센트, 대학원 졸업자가 243.3퍼센트였지. 중학교 이하 졸업자와 대학원 졸업자 간의 임금 격차가 세 배나 됐어.

성적에 따라 급식 순서를 정하는 부당한 차별이든, 시험 점수가 좋은 사람만 좋은 대학을 갈 수 있다는 합리적 차별이든, 성적에 따른 차별은 능력주의의 결과야. 시험 성적이 모든 능력을 압도하는 왜곡된 능력주의도 문제지만, 능력주의 자체도 근본적으로 따져 볼 필요가 있어.

수능 전국 1등부터 꼴등까지 한 줄로 쭉 세워 놓으면 1등이 능력이 가장 뛰어나고 노력도 많이 했고, 꼴등은 그 반대일까? 능력과 노력을 합친 실력은 점수와 정확히 비례할까?

능력만 있다면 성공할 수 있을까?

한번 생각해 보자. 공부를 잘 하려면 어떻게 해야 할까? 학원도 여러 군데 다니고, 좋은 독서실에서 공부하면 성적도 올라갈 것 같지 않아? 경기도교육청의 〈통계로 보는 교육정책〉에 따르면 소득에 따라 수능 점수가 정확히 비례해. 부모님의 소득이 높을수록 수능 점수도 올라간다는 거야. '개천에서 용 나기'가 어려운 시대야. 한국교육개발원의 〈교육격차 실태 종합분석〉이라는 보고서에 따르면 부모의 사회·경제적 지위가 높을수록 자녀가 좋은 대학에 진학하고 첫 직장에서 받는 임금 또한 높다고 해.

영국인 7만 명을 대상으로 진행한 70년의 대규모 추적 연구인 〈라이프 프로젝트(The Life Project)〉에 따르면, 노동 계층의 자녀는 아무리 똑똑해도 시간이 지나면서 중상류층의 아이에게 추월당했어. 실력의 상당 부분이 외부 요인에서 비롯되지. 똑똑하게 태어나는 것, 좋은 부모님 밑에서 좋은 교육을 받고 자라는 것 모두가 개인의 노력과 상관없이 주어지잖아.

부모님의 직접적인 학습 도움, 소득·재산 등 경제력에 따른 물질적 지원, 인맥에 따른 사회적 도움… 학생의 학업 성취에 두루 영향을 미치는 요소들이야. 이 모든 게 우연히 주어지는 것들인데, 이런 현실 속에서 '능력만 있다면 성공할 수 있다'는 말이 성립될 수 있을까?

지금처럼 부의 불평등이 크면 세대 간 계층 이동이 더욱 어렵다고 해. 2018년 경제협력개발기구 발표에 따르면 한국의 소득 하위 10퍼센트 가구에 속한 자녀가 중산층이 되려면 5세대가 걸린대. 한 세대를 30년으로 보면 거의 150년이야. 청년들이 '이번 생은 망했다'라고 자조할 만하지.

내 실력은 온전히 내 것일까?

어떤 사람들은 교육이 모두가 같은 층에서 탄 뒤 능력과 노력에 맞춰 합당한 층에 내려 주는 엘리베이터라고 믿어. 모두가 같은 층에서 탄다는 것은 똑같은 출발선에서 시작한다는 뜻이고, 각자의 실력에 맞춰 알맞은 층에 내린다는 것은 학업 성취에 따라서 직업과 소득이 달라진다는 뜻이야. 이들은 모두가 같은 층에서 엘리베이터를 탈 수 있고, 엘리베이터가 각자의 실력에 맞춰서 제때 서 주기만 한다면 문제없다고 생각하지.

출발선이 같으면 된다며 기회의 공정을 강조하는 사람들은 특권과 특혜라는 불균등한 기회는 잘못됐다고 여기면서도 재능과 운의 불평등한 분포는 알아차리지 못하기도 해. 사실 출발선은 똑같지 않아. 더 나아가 애초부터 출발선에 설 수 없는 사람들, 노력을 동등하게 할 수 없는 사람들도 있어. 이를테면 부모님이 안 계셔서 또는 가난해서 학업 대신 취업을 택한 사람에게 '공정한 출발선'이 존재할까?

"무지한 체제하에서는 천재 수학자 폰 노이만도 약국 점원이 되고, 노벨 물리학상을 수상한 엔리코 페르미도 정원사가 된다." 노벨 경제학상을 수상한 조지프 스티글리츠가 한 말이야. 아무리 뛰어난 능력도 제도적, 환경적 여건이 조성되어야 발현될 수 있다는 뜻이야. 과학자가 재능을 꽃피우려면 다양한 학문적·제도적·사회적 뒷받침이 필요하고, 더 나아가 과학자의 재능을 인정하고 보상해 주는 사회가 있어야겠지.

만약 아인슈타인이 1만 년 전에 태어났다면 어떻게 됐을까? 우리가 아는 그 아인슈타인이 될 수 있었을까? 1만 년 전에 태어났다면 그는 다른 사람들보다 좀 더 요령 있게 석기를 다듬는 원시인에 불과했을 거야. 천재로 태어나더라도 모든 걸 혼자서 다 할 순 없거든. 아인슈타인은 상대성 원리를 발견했지만, 수학이라는 도구는 아인슈타인이 만든 게 아니니까.

과학적 발견과 발명이 다 그래. 각종 실험 도구, 과학적 개념과 이론 등 오랜 시간 동안 많은 사람들이 쌓아 온 것들 덕분에 당사자는 위대한 업적을 이룰 수 있지. 그래서 아인슈타인은 "내 삶이 나의 동료들, 즉 돌아가신 분들과 살아 있는 사람들의 노력 위에서 얼마나 많이 이루어졌는지를 늘 생각합니다"라고 말했어. 아인슈타인의 재능을 알아보고 그 재능을 키워 줄 시대에 태어나야 아인슈타인은 우리가 아는 아인슈타인이 될 수 있겠지. 어떤 시대와 환경을 만날지는 선택이 아니라 선물이야. 우연이 준 선물!

실력에 대해서 다시 한 번 생각해 보면 좋겠어. 내 실력은 온전히 내 것일까? 지능이든 재능이든 부모든 환경이든 행운이든 남다른 기회든 내가 선택하고 노력해서 얻은 게 아닌, 수많은 것들이 성공에 영향을 미치잖아. 그걸 이해한다면, 그런 운을 타고나지 못한 이들에게 더 너그러워질 수 있지 않을까?

다음 기회가 없는 사회

- 계층 갈등

야, 걔 별거라며?

진짜? 왠지 옷도 엄청 구리더라.

그치, 신고 다니는 신발은 또 뭐래. 짝퉁 맞지?

스마트폰도 공짜폰이던데.

빌거는 빌라 거지의 줄임말이야. 빌거 외에도 임거(임대주택 거지), 반거(반지하 거지), 엘사(LH 임대아파트 거주자) 등의 비슷한 말을 초등학생들도 아무렇지 않게 쓰지.

단순히 철없는 아이들의 문제일까? 그렇지 않아. 아이는 어른의 거울이야. 이런 말이 어떻게 생겨났을까? 어른들이 아이가 친구가 생겼다고 하면 어디에 사는지, 그 친구의 부모님 직업은 무엇인지를 물어보고는 이렇게 말하지 않았을까? "저기 빌라나 임대아파트 사는 애들이랑 놀지 마! 가난한 집 애들이야." 경제적 조건으로 사람을 판단하는 사회에서 '빌거', '임거' 등의 말을 쓰는 아이들만 나무랄 수 있을까?

서울 마포구의 한 아파트는 이른바 '소셜 믹스(Social Mix, 아파트 단지 내에 일반 분양과 공공 임대를 함께 조성하는 것)' 아파트야. 사회적, 경제적 수준이 다른 주민이 함께 어울려 살게 해서 계층 간 위화감이 심화되는 것을 방지하자는 정책이지. 29층인 아파트에 3층까지 상가가 있고, 4층부터 10층까지는 임대 가구가, 11층부터는 일반 분양 가구가 배치되어 있어. 엘리베이터는 임대 가구와 분양 가구가 별도로 사용하지.

문제는 엘리베이터가 분리 운영되면서 비상계단도 분리됐

다는 점이야. 일반 분양 가구 쪽 엘리베이터는 29층까지 운행하지만 임대 가구 쪽 엘리베이터는 10층까지만 오가고, 비상계단도 10층까지만 있어. 만약 아래층에서 불이 나면 임대 가구 주민들은 꼼짝없이 10층에 갇히게 되지. 국토교통부 시행령에는 '비상계단은 옥상으로 이어져야 한다'는 규칙이 있는데도 말이야. 소셜 믹스 정책의 취지와는 반대로, 이 괴상한 건물 구조는 계층이 다르면 같이 살기 어렵다는 생각을 반영한 결과가 되어 버렸어. 빈부 격차가 생명과 안전을 위협하고 있기도 한 거야.

기울어진 공정함

한국 사회에는 자기보다 경제적 형편이 더 어려운 사람을 무시하는 경향이 있어. '이백충(월소득 200만 원)'·'삼백충(월소득 300만 원)', 건설·일용직 근로자를 비하하는 '노가다', 특정 직업군을 비하하는 '폰팔이(휴대전화 판매직)' 등이 대표적인 사례야.

사회·경제적 지위에 따른 차별에는 극단화된 능력주의가 자리하고 있어. 앞에서 개인의 능력에 비례해 보상해 주는 사회 시스템을 능력주의라고 했지? 한국에서는 수험생을 전국 1등부터 꼴찌까지 줄 세운 뒤에 순서대로 대학에 들어가고, 특정한 방식의 시험을 통과해야만 인정받고 출세하는 '왜곡된 능력주의'가 아주 오랫동안 뿌리 깊게 이어져 왔어. 대학 입시든 사법시험이든 시험 합격을 곧 능력으로 여겼지.

경쟁이 치열한 시험일수록 통과해 얻는 보상은 큰 반면, 이후에 이런 결과를 뒤집을 기회가 전혀 없다는 점은 큰 사회적 문제가 되고 있어. 사람들은 내가 잃으면 타인이 얻고, 타인이 잃으면 내가 얻는 제로섬 게임을 하며 살아간다고 생각하지. 한 번의 시험이 인생을 결정짓고 그것이 곧 평생의 안정적인 일자리와 수입을 보장한다면 누구나 시험에 올인하지 않을까? 그게 가장 합리적인 선택이라고 생각할 테니까. 공무원 시험에 지원자가 몰리는 이유일 거야.

시험이면 다 된다는 사고방식은 상대적으로 점수가 낮거나 경쟁에서 밀려난 이들을 멸시하고 혐오하는 태도를 정당화해. 어쨌든 경쟁에서 패하지 않았느냐, 능력이 부족했든 노력이 부족했든 네 탓 아니냐, 그런 태도 말이야. "무능해서 차별당하는 건데, 어쩔 수 없지 않느냐"는 식이지. "억울하면 출세해!"의 심리도 비슷해. 이와 관련해서 박권일 사회평론가는 "공정성은 혐오표현의 숙주"라고 말했어. 기울어진 공정함을

들이대며 혐오를 정당화한다는 거야.

길에서 구걸하는 사람이나 노숙자를 마주쳤을 때, 우리는 두 가지 반응을 보일 수 있을 거야. 개인의 불행이 당사자 탓이라고 생각하면 '공부 못하면 저렇게 된다'고 생각할 수가 있겠지. 성공과 실패는 실력이나 노력에 비례하고, 그 결과는 개인의 책임이라고 생각한다면 말이야. 이런 태도를 형식적 공정의 관점이라고 해. 형식적 공정은 기회의 평등을 중시하지. 기회가 평등하면 충분하고, 결과는 각자 책임지면 된다는 입장이야.

반면에 '저 사람에게는 어떤 사정이 있는 걸까?' 혹은 '사람을 저렇게 방치해선 안 돼. 그건 잘못된 거야'라고 생각할 수 있겠지. 애초부터 기회를 제대로 갖지 못한 사람들이 있을 수 있다고 생각하면 그렇게 반응할 거야. 이렇게 약자의 입장을 고려하고 배려하는 태도를 실질적 공정이라고 해. 실질적 공정은 결과의 평등을 중요하게 생각하지. 기회만 평등해선 공정할 수 없고, 결과까지 정의로워야 공정하다는 거야.

정규직과 비정규직

　최근 사회 갈등은 대개 기회의 평등과 결과의 평등, 형식적 공정과 실질적 공정 사이의 싸움과 관련돼 있어. 인천공항공사 같은 공기업에서 비정규직의 정규직 전환이 반발에 부딪힌 게 대표적인 사례야. 2020년, 인천공항공사는 9700여 명의 비정규직 노동자를 단계적으로 정규직으로 전환하려고 했어. 그런데 기존 정규직 직원들뿐만 아니라 사회적으로 반발 여론이 컸지. 특히 젊은 사람들의 반발이 컸어.

　사람들은 "알바가 정규직이 된다"며 비하하기도 하고, "공부도 못했으면서 정규직 시켜달라고 한다"며 비아냥대기도 했지. 그런데 실제로 파트타임 근무자가 정규직이 되는 건 아니었어. 1차 정규직 대상인 보안요원은 애초에 파트타임 근무자를 뽑지 않았거든. 또한 보안요원이 되려면 서류·면접 등을 통과하고 200시간이 넘는 교육을 받아 국토부의 평가를 통과해야만 근무가 가능했어. 충분히 자격이 있는 사람들이 정규직이 되는 절차였는데도, 사람들은 비정규직이 정규직이 된다는 것을 받아들이기 어려웠던 거야. 왜 그랬을까?

　정규직과 비정규직의 격차가 매우 크기 때문일 거야. 통계청의 가장 최근 자료인 〈2020년 경제활동인구조사 근로형태별 부가조사)에 따르면, 정규직 노동자의 월평균 임금은 323만 원인 반면에 비정규직은 171만 원이었어. 보상의 격차가 클수록 사람들은 기회의 공정에 예민해지지. 이런 상황에서는 비정규직의 정규직화는 영원히 불가능할지도 몰라.

격차를 줄이려면…

"누구나 (인생에서) 두 번째 기회를 가질 필요가 있다." 영화 〈터미네이터〉에 나오는 대사야. 비정규직 인생들에도 두 번째 기회가 주어져야 하지 않을까? 비정규직을 정규직으로 바꾸는 게 쉽지 않다면, 우선 정규직과 비정규직의 격차를 줄이는 노력부터 할 필요가 있겠지. 근본적으로는 노동의 질과 보상을 고르게 해야 문제를 해소할 수 있을 거야.

보상의 격차가 크고 경제적 불평등이 심화될수록 심리적 박탈감과 사회적 갈등이 생기기 마련이야. 이를테면 총 상금 15만 원을 금메달 12만 원, 은메달 2만 원, 동메달 1만 원으로 나눈다면 경쟁이 치열할 수밖에 없어. 경쟁이 치열할수록 스트레스도 크겠지. 반면 같은 상금을 금메달 6만 원, 은메달 5만 원, 동메달 4만 원으로 고르게 나눈다면 극심한 경쟁도

누그러지지 않을까? 이런 방식의 분배가 사회 전체에 적용된다면 스트레스와 사회적 비용도 크게 줄어들 거야.

우리는 숫자가 아니다
- 연령 차별

이번 방과후 활동은 박 선생님이 좀 맡아 주세요.

?

제가요?

원래 학교에선 방과후 활동은 신입 교사가 맡는답니다.

아니, 일을 뭐 나이순으로 하나?

3학년이 먼저 간식 받아 가고, 그다음에 2학년, 1학년 순서로 와.

왜요? 그냥 선착순으로 하면 안 돼요?

원래 뭐든지 선배들이 먼저인 거야.

나이에 따른 차별

  하고 싶은 어떤 일을 나이 때문에 못해 본 적 있니? 못하게 된 까닭은 둘 중 하나일 거야. 부모님이 허락하지 않았거나, 사회적 시선이 두려웠거나. 우리 사회는 나이에 따라 할 수 있는 일과 할 수 없는 일을 나눠 놓지. 이처럼 나이에 따라 권리나 자원 등을 다르게 배분하는 걸 '나이주의'라고 불러. 일부 학교의 사례지만, 상급 학년부터 먼저 급식을 먹는 게 대표적이야.

  한국청소년정책연구원의 〈2016년 청소년 차별실태 연구〉에 따르면, 청소년 응답자들이 제시한 차별의 이유는 크게 네 가지였지. 학업 성적에 따른 차별(17.9퍼센트), 나이에 따른 차별(13.6퍼센트), 성별에 따른 차별(12.3퍼센트), 외모에 따른 차별(10.7퍼센트)이었어. 나이에 따른 차별과 혐오는 학교 안팎에서 빈번하게 일어나고 있어.

  어른들이 정해 놓은 나이에 따른 위계질서를 청소년들도 고스란히 배우지. 그래서 선후배 사이에 엄격한 위계가 존재하고, 그걸 바탕으로 학교폭력이 발생하기도 해. 대학교에서도 그런 일이 벌어져. 일명 '군기를 잡는다'고 하지? 대학교 신입생 환영회에서 신고식이라며 단체 기합을 주는 일이 사회적 문제가 된 적이 있어. 그 외에도 선배를 보면 달려가 90도 인사를 해야 하거나, 심지어 복장이나 두발 등을 규제하기도 해. 지금도 일부 대학에서 벌어지는 일들이야.

상하 복종이 아닌 상호 존중

선생님은 학생의 잘못을 지적하고 혼을 내지. 반대로 선생님이 잘못한다면 학생은 지적할 수 있을까? 아마 그렇게 하기는 어렵겠지. 선생님의 잘못, 학교의 문제를 비판하면 '건방지다'는 말을 듣는 게 현실이야. 우리는 아주 어릴 때부터 부모님, 웃어른, 선생님, 직장 상사와 같은 다양한 권위에 복종하도록 배워 왔어. 효(孝)나 예의범절의 이름으로 말이야. 그게 당연한 삶의 원리이자 인간의 도리라고 배우지.

하지만 우리가 그렇게 배워 온 '예절'은 아랫사람이 윗사람에게 지켜야 하는 일방적인 규범이 아닐까? 우리는 아이가 어른에게, 자식이 부모에게, 학생이 선생에게, 후배가 선배에게, 직원이 사장에게, 후임이 선임에게 예절을 지켜야 한다고 배우지. 그 반대의 경우도 성립해야겠지만 현실은 그렇지가 않아. 사회적으로 지위가 높은 사람은 지위가 낮은 사람에게 예의를 지키지 않아도 된다고 생각하는 경우도 많으니까. 아이가 어른에게, 학생이 선생님에게 반말을 하면 안 되지만 그 반대 관계에선 반말이나 욕설을 함부로 하는 경우가 많아.

순순히 권위를 따르면 상이 주어지고, 그 반대일 땐 벌이 가해지기 일쑤야. 예절은 아래에서 위로 흐를 뿐, 위에서 아래로 흐르지 않는 거야. 그런 점에서 예절은 평등하지도 공평하지도 않아 보여. 우리에게 필요한 건 상하 복종이 아니라 상호 존중인데 말이야.

한국 사회에서 누군가와 처음 만나면 나이를 기준으로 위아래를 나누고 상대를 어떻게 대할지, 즉 존대할지 하대할지를 결정하지. 그래서 어른들이 서로 나이나 학번 등을 확인하려고 하는 거야. 나이를 알아야 말을 높일지 낮출지 결정할 수 있기 때문이지. 서로의 나이를 모를 땐 어색해하기도 해. 서열과 위아래가 정해지지 않은 관계에 서툰 탓이야. 나이에 따른 역할이 규정되고, 거기에서 벗어난 행동을 하면 이상하게 여기거나 혼이 나기도 하지.

연령에 따른 차별은 어린이나 청소년에게만 적용되지 않아. 나이주의는 기본적으로 나이 어린 사람에 대한 차별로 나타나지만, 나이가 많은 사람에 대한 차별로도 이어지거든. 가령 노인들이 거리에서 시위를 하면 노망이 들었다거나 돈을 받고 동원됐다고 생각하지. 인터넷상에는 '틀딱'이라는 혐오 표현도 난무해. 흔히 '노인 혐오'라고 부르는 현상이야. 이런 모습은 청소년들이 정치적 표현을 할 때 미성숙한 아이들이 선동을 당했다고 얘기하는 것과 비슷하지.

민주주의는 하극상이다

한국 사회는 나이에 따른 서열 문화가 강한 편이야. 서열 문화는 나이 많은 사람이 나이 어린 사람을 하대하는 관계로 정리되니까, 빠르고 효율적인 관계 설정을 가능하게 하지. 문제는 나이에 따른 경직된 관계 탓에 자유롭고 창의적인 생각이 싹트기 어렵다는 거야. 자기보다 직급이 낮거나 나이가 어린 사람의 생각을 잘 받아들이지 못하거든. 좋은 의견이 나와도 하급자의 견해라는 이유로 무시당하기 쉽지.

지금은 '민주주의'로 번역하는 영어 단어 'democracy'의 최초 번역어는 신기하게도 '하극상(下剋上)'이었어. 주로 군대에서 계급이 낮은 부하가 상관의 명령을 거부하고 반항할 때 쓰는 말이야. 민주주의가 왜 그렇게 번역됐을까? 평등에 대한 개념 자체가 없던 시대였기 때문일 거야. 민주주의는 국민이 주인이라는 건데, 왕조 시대에 민주주의를 요구하는 건 왕과 권력층 입장에서는 하극상일 수밖에 없었겠지. 비민주적 시각에서 민주주의는 반역이자 하극상이야.

민주주의는 모두가 평등하다는 걸 전제하지. 사람과 사람 사이에 위아래 없이 누구나 똑같은 권리와 자유를 누리는 것을 원칙으로 하니까. 신분이든 권력이든 나이든, 위아래가 엄격한 사회에서 평등한 관계는 아주 낯설 수밖에 없겠지. 그래서 영국 정치가 에드먼드 버크는 1790년 평등을 요구하는 프랑스 혁명을 염려하며 이렇게 말했어. "병사가 장교에게 대들고, 하인이 주인에게 대들고, 노동자가 고용주에게 대들고…."

너희들은 너희보다 나이가 어린 사람을 어떻게 대하니? 어른들이 너희에게 하는 것처럼 똑같이 하고 있진 않아? "당신들은 안 그럴 거라고 장담하지 마. 서는 데가 바뀌면 풍경도 달라지는 거야." 웹툰 〈송곳〉의 대사야. 어른들에게 존중받고 싶다면 너희도 너희보다 어린 사람들을 그렇게 존중해야 해.

대부분이 노동자다
- 청소년 노동

엄마, 나 알바 하고 싶은데 동의서 좀 써 줘.

알바는 왜 하려고? 돈 벌어서 뭐 하게?

알바 한다고 공부 안 하면 나중에 공장 노동자 된다.

엄마! 일하는 사람은 거의 대부분 노동자야.

청소년도 일한다

아르바이트를 해 본 적 있니? 아니면, 주변에서 아르바이트를 하는 친구를 본 적 있어? 일하는 청소년에 대한 어른들의 시선이 곱지만은 않지. 학생의 본분은 공부라면서 말이야. 그러나 의외로 많은 청소년이 일하고 있어. 알바, 특성화고에서 나가는 현장실습, 학교에 다니지 않는 청소년이 생활비를 벌기 위해 하는 일… 이렇게 다양한 방식으로 말이야.

알바는 일탈이 아니야. 적지 않은 청소년들이 편의점, 음식점, 패스트푸드점 등 다양한 곳에서 일하고 있어. 여성가족부에서 발표한 〈2017년 청소년종합실태조사〉에 따르면 대한민국 청소년(13~24세)의 아르바이트 경험률은 2014년 31.2퍼센트에서 2017년 48.7퍼센트로 증가하고 있는 추세로 나타났지. 13~18세 청소년들 중 아르바이트 경험이 있는 학생은 12.8퍼센트로, 열 명 중 한 명이 알바 경험이 있었어.

학교에 다니지 않는 청소년들뿐만 아니라 학교를 다니는 청소년도 알바를 해. 중학생보다 고등학생의 알바 경험이 좀 더 높고, 갈수록 더 많은 청소년들이 알바를 하는 추세야. 일찍 취업 전선에 뛰어든 특성화고 학생까지 고려하면 일하는 청소년의 숫자는 적지 않아.

최저임금과 노동계약서

어른들은 청소년 노동자가 어리다고 함부로 대하는 경향이 있어. 어려서 아무 말도 못할 거라고 생각하지. 그래서 최저임금 등에 대해 문제를 제기하면 화들짝 놀라며 "가족처럼 대해 줬는데 어린 게 돈만 밝힌다"고 비난하거나 "싫으면 시급 많이 주는 데로 가라"고 윽박지르기도 해. 한국청소년정책연구원의 〈2015년 청소년 근로실태조사 및 제도개선방안〉에 따르면 일하는 청소년 중 27.7퍼센트가 최저임금에 미달하는 임금을 받고 일했어.

알바도 엄연한 노동이기 때문에 사업주는 알바 노동자에게 최저임금 이상의 급여를 줘야 하지. 최저임금보다 낮게 임금을 받기로 계약서를 작성했더라도 상관없어. 계약서의 내용이 이미 최저임금법을 어긴 것이기 때문에 계약의 효력이 없거든. 따라서 최저임금에 미치지 못하는 임금만큼 추가로 받을 수 있어. 법적으로 이런 부분도 임금 체불에 해당해.

알바를 시작하기 전에 노동계약서를 꼭 작성해야 해. 사용자와 노동자가 노동계약을 체결할 때는 계약서를 쓰도록 돼 있어. 노동계약서는 선택이 아닌 필수야. 노동계약서가 왜 필요할까? "약속한 급여를 다 안 줬어요", "처음 들었던 것과 다른 일을 시켰어요." 알바를 하는 청소년들의 하소연이야. 이런 불이익을 당하지 않으려면, 또는 불이익을 당하더라도 도움을 받으려면 노동계약서가 필요해.

노동계약서를 작성하는 사업주도 있지만, 개중에는 "알바가 무슨 계약서?"라고 반문하는 사업주도 있어. 그런 사업주들은 "날 못 믿겠다는 거야?" 하면서 발끈하거나 "그깟 서류가 왜 필요해? 내가 알아서 잘해 줄게." 하면서 달래기도 해. 이런 사업주를 어떻게 설득할까? "부모님이 동의서를 써 주면서 계약서를 가져오라고 했다"거나 "일하는 시간에 맞춰 학교에서 나오려면 담임 선생님께 계약서를 제출해야 한다"라는 식으로 말하면 사업주도 거절하기 어렵지.

사업주가 끝까지 노동계약서를 거부할 때는 어떻게 할까? 노동계약서 미작성으로 노동청에 신고하면 되는데, 일을 계속하려면 그러기 힘들겠지? 그렇다면 채용 공고를 사진으로 찍어 두고, 노동 조건에 관해 대화한 내용을 녹음해 두면 돼. 또 노동 조건에 대한 문자나 카톡 내용을 지우지 말고 보관하는 게 좋지. 근무 일지나 임금이 찍힌 통장 등도 나중에 분쟁이 생겼을 때 증거 자료로 쓸 수 있어.

알아야 당하지 않는다

　노동 인권 교육을 받지 못한 청소년이 많은 게 현실이야. 2018년 경기도교육연구원의 통계에 의하면, 아르바이트를 하는 청소년의 61.7퍼센트가 노동 인권 교육을 받지 못했어. 학교에서 노동 교육은 중요하게 다뤄지지 않고 있어. 교과서에 조금 담겨 있지만, 분량이 적고 깊이가 얕거든.

　하지만 청소년도 노동 인권에 대해 꼭 알아야 하지 않을까? 알아야 당하지 않을 테고, 어른이 되어서도 부당한 대우를 받지 않을 테니까. 한국청소년정책연구원의 〈청소년 아르바이트 실태조사 및 정책방안연구〉에 따르면, 아르바이트를 하다 부당한 처우를 당해도 아무런 대응을 하지 않았다는 응답이 28.3퍼센트였어. 그런데 노동 인권 교육을 받은 경우에는 대응 비율이 40퍼센트로 높아졌다고 해. 노동 인권 교육은 노동자의 권리를 지키는 첫걸음이야.

차별하지 않아야 차별당하지 않는다

생각해 볼까?

국가인권위원회에서 실시한 〈2020년 차별에 대한 국민인식조사〉에서 시민의 대다수가 자신도 혐오·차별의 대상이 될 수 있다고 생각한다고 답했어. 코로나19를 겪으면서 "나도 언제든 차별의 대상이나 소수자가 될 수 있다는 생각을 해 본 적이 있다"는 물음에 열에 아홉이 그렇다고 대답한 거야. "누구도 차별로부터 자유롭지 못하다. 나 그리고 내 가족도 언젠가 차별을 하거나 당할 수 있다"는 문항에도 열 명 중 아홉 명이 그렇다고 답했어.

코로나19 발병 초기에는 중국인과 우한 교민, 중국 유학생들이 혐오의 표적이 됐지. 그러다 코로나 사태가 길어지고 집단 감염이 늘어나자 비난의 대상이 확대되고 강도도 세졌어. 신천지 집단 감염 때는 신천지에 대한 분노가 기독교를 향한 비난으로 번졌고, 이태원 집단 감염 때는 성소수자를 향한 혐오적인 댓글이 쏟아졌지. 언론은 앞다투어 'OO발 확진자'라는 꼬리표를 단 채 특정 종교(신천지, 개신교 등), 특정 지역(대구, 광주 등), 특정 직업(콜센터, 택배 물류센터, 방문판매업체 등), 성소수자 등 표적을 옮겨 가며 비난의 화살을 날렸어. 그 과정에서 아무 잘못도 없는 사람들이 상처를 받고 피해를 입었지.

혐오와 차별은 부메랑이 되어 내게 돌아올 수 있어. 내가 차별과 혐오의 대상이 되고 싶지 않다면 타인을 차별해서도, 혐오해서도 안 돼. 우리에게 필요한 것은 차이를 인정하고 다양성을 포용하는 자세야.

2장

나를 안전하게
지킬 권리

우리는 모두 아프지 않고 행복하기를 원해. 그런데 다른 사람이

우리에게 상처를 주고, 우리의 몸이나 마음을 다치게 하기도 해.

누군가가 폭력을 휘두를 때 스스로를 지키는 것은 당연한 권리야.

그렇다면 사회 속에 도사린 폭력을 없애고,

안전한 세상을 만들기 위해서는 어떤 노력이 필요할까?

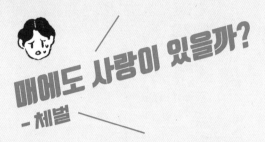

매에도 사랑이 있을까?

- 체벌

유치환의 시 〈깃발〉에 나오는 '소리 없는 아우성'처럼 모순되는 표현의 예시로 뭐가 있을까?

작은 거인이요.

그렇지.

달콤한 슬픔이요.

그렇지.

사랑의 매요.

...

매에 깃든 사랑?

'사랑의 매'라는 표현은 정말 성립할 수 있을까? 보건복지부가 2018년 실시한 〈체벌에 대한 국민 인식〉 설문조사에 따르면 응답자의 76.8퍼센트가 "상황에 따라 체벌이 필요하다"고 답했어. 여전히 많은 가정에서 체벌을 하고 있다는 뜻이겠지. 잘못한 사람은 때려도 될까? 이상한 건 부모는 자녀의 잘못을 매로 다스리지만 정작 부모가 잘못하면 매를 맞지 않는다는 점이야. 부모가 맞지 않는 것처럼 자녀도 맞지 않아야 하지 않을까? 세상에 맞아도 되는 사람은 없어.

유엔 아동인권위원회는 1996년부터 2019년까지 총 여섯 차례에 걸쳐 대한민국 정부에 아동에 대한 체벌 금지를 권고했어. 2011년에 "가정, 학교 및 모든 기관에서 체벌을 명백히 금지하도록 관련 법률과 규정을 개정하라"고 권고했고, 2019년에도 재차 "법률 및 관행상의 '간접 체벌' 및 '훈육(징계)적 처벌'을 포함한 모든 체벌을 명시적으로 금지"하도록 권고했어. 그러나 정부는 권고를 받아들이지 않았어.

2015년에 개정된 아동복지법은 "아동의 보호자는 아동에게 신체적 고통이나 폭언 등의 정신적 고통을 가해서는 안 된다"고 규정했지만, 아동학대는 끊이지 않았지. 아동학대 신고

건수는 2019년에만 4만 1389건에 달했어. 신고 이후 학대로 최종 판단된 건수도 3만 45건이나 됐지.

아동복지법과 달리 다른 법에선 교육 목적의 징계권을 인정했어. 민법 제915조는 "친권자는 그 자녀를 보호 또는 교양하기 위하여 필요한 징계를 할 수 있다"고 규정했거든. "귀한 자식 매 한 대 더 때린다"는 속담이 있지. 부모의 징계권 조항은 이런 관습을 반영했을 거야. 해당 조항이 '훈육상의 체벌'의 빌미를 제공한다는 비판이 꾸준히 제기됐지만, 정부는 2020년에서야 해당 조항을 삭제했어. 유엔 아동인권위원회가 삭제를 권고한 지 24년 만이었지.

유엔이 전 세계 아동 체벌 현황을 파악해 네 그룹으로 정리한 내용이 있어. 그에 따르면, 모든 분야에서 체벌을 금지한 곳이 54개국, 정부가 체벌 금지를 위해 노력하는 곳이 56개국, 일부의 경우만 체벌을 금지하는 곳이 57개국, 체벌이 완전히 금지되지 않은 곳이 18개국이야. 한국은 일부만 체벌을 금지하는 세 번째 그룹에 속해.

체벌은 효과가 있을까?

아이가 잘되길 바라는 뜻에서 때리는 매는 폭력이 아니라고 생각하는 어른들이 있어. 정말 그럴까? 폭력의 정의는 '남을 제압할 때에 쓰는, 주먹이나 몽둥이 등의 힘'이야. 폭력의 핵심은 타인을 억누르기 위해 신체나 도구를 이용한다는 점이지. 매도 다르지 않아. 자신이 바르다고 생각하는 쪽으로 아이를 유도하기 위해 손발이나 도구를 이용하기 때문이야. 폭력과 폭력 아닌 것을 가르는 데 있어 중요한 것은 동기나 목적이 아니야. 폭력의 정의에서 알 수 있듯이, 폭력이냐 아니냐를 결정하는 것은 수단과 방법이거든. 그러니까 매도 폭력이야. 동기가 선해도 무력을 수단으로 쓴다면 폭력이지.

체벌의 목적은 잘못을 깨달아 행동을 고치게 하는 거야. 하지만 매를 맞는 사람은 반성하기보다 폭력을 먼저 배우지. 자기도 모르는 사이에 말이야. 자기 뜻을 관철하기 위해 타인의 신체에 고통을 가해도 된다는 생각이 자라나거든. 누군가 잘못하면 때려도 된다고 자연스럽게 여기는 거야. 세 살 무렵 매를 맞은 아이는 다섯 살이 되었을 때 매를 맞지 않은 아이보다 50퍼센트 이상 공격성을 더 보인다는 연구 결과도 있어.

매를 들어야 아이들이 문제 행동을 고치고 잘 자란다는 생각을 뒷받침하는 과학적 근거는 없어. 체벌에 대한 공포와 불안감은 문제 행동을 즉각 멈추게 만들어. 체벌이 효과가 있는 것처럼 보이는 이유야. 그러나 체벌을 멈추면 문제 행동은 원래대로 돌아오지. 또, 걸리지만 않으면 된다고 생각하게 만들어. 그래서 거짓말과 회피 행동이 나타나지. 내면의 도덕성을 길러 준 게 아니라 아이를 체벌로 억누른 탓이야.

체벌이 교육적으로 효과가 없다는 연구 결과가 많지. 혹시 부모님이나 선생님에게 체벌을 당했던 적이 있니? 그때 기분이 어땠어? '나는 사랑받고 있구나, 더 나은 사람이 되어야지'라고 느낀 사람은 별로 없을 거야. 보통은 슬프고 억울한 마음이 크고, 어른들이 나를 존중하지 않는다는 느낌을 받았을 거야. 체벌은 효과도 없을뿐더러, 당한 사람에게 상처만 남기지.

철학자 버트런드 러셀은 "학창 시절 회초리나 채찍으로 매를 맞았던 이들은 그 덕에 자신이 더 나은 사람이 되었다고 믿고 있다. 내가 볼 때는 이렇게 믿는 것 자체가 체벌의 부정적 영향 중 하나다"라고 말한 적 있어. 체벌 덕분이 아니라 체벌에도 불구하고 더 나은 사람이 되었다고 해야 해.

자녀는 소유물이 아니다

'가족 동반 자살'이라는 말을 들어본 적 있니? 자살하면서 자녀와 함께 목숨을 끊을 경우에 흔히 이렇게 말하지. 가족이 함께 자살했다는 뜻이지만, 사실은 부모가 아이의 생명을 끊은 거지. 이 경우 피해자의 상당수는 미성년 자녀야. 오죽했으면 부모가 자녀의 생명을 끊었을까 싶지만, 어떤 경우에도 살인은 정당화될 수 없어. '가족 동반 자살'에 깔린 심리는 '내 자식은 내 거다'일 거야. 마찬가지로 체벌의 밑바탕에도 자녀를 자기 소유물처럼 여기는 태도가 깔려 있지 않을까?

사상가 칼릴 지브란은 《예언자》에서 "아이들은 그대들을 거쳐 왔을 뿐 그대들의 소유는 아니다. 비록 지금 그대들과 함께 있을지라도 아이들이 그대들의 소유는 아니다"라고 했어. 우리 모두는 독립된 인격체야. 나이가 어리고 미성숙하더라도 부모의 소유물일 수 없어. 세상에 나온 순간부터 삶의 가치와 사람의 존엄은 똑같은 무게를 지니니까 말이야.

폭력이 폭력을 낳는다

- 학교폭력

학교폭력이란?

대한민국에는 학교폭력 예방 및 대책에 관한 법률이 있어. 해당 법에 따르면 폭행뿐만 아니라 협박, 감금, 모욕, 빼앗기, 따돌림, 강제 심부름 등이 모두 학교폭력에 속하지. 신체적·정신적·물질적 피해를 주는 행위 모두 학교폭력에 포함돼. 여성가족부가 2019년 1월 발표한 〈2018년 청소년 유해환경 실태조사〉에 따르면, 학교폭력 피해율은 8.5퍼센트로 조사됐어. 열 명 중 한 명이 학교폭력을 당한 셈이야. 2019년 기준 학교폭력 건수는 1만 3584건에 달했어.

물리적 폭력이든 정신적 폭력이든 그 후유증은 오래도록 피해자를 따라다니지. 가해 학생에 대한 분노와 무력감, 공허함과 외로움, 우울감 등이 생겨나고 자아존중감이 낮아지거든. 부정적 감정을 잊기 위해 게임 중독, 음주 등에 빠지거나, 문제가 심각한 경우 자살을 시도하기도 해. 게다가 학교폭력은 또 다른 폭력으로 이어지기도 해. 학교폭력 피해 학생의 70.7퍼센트가 가해 학생에게 복수하고 싶은 충동을 느끼지. 실제로 피해 학생이 자신보다 약한 상대를 찾아 괴롭히는 경우도 있어. 폭력이 폭력을 낳는 거야.

학교는 사회의 거울이다

 2018년 11월, 인천의 한 중학생이 집단 폭행을 당하고 15층 아파트 옥상에서 떨어져 사망하는 충격적인 사건이 벌어졌어. 얼마나 두려웠으면 15층에서 뛰어내렸을까? 피해자가 느꼈을 두려움을 생각하면 가슴이 아파. 이후 가해 학생들은 전부 구속된 상태로 재판에 넘겨졌어. 가해 학생 중 한 명이 피해자에게서 뺏은 패딩 점퍼를 입고 피의자 심문을 받으러 갔다는 사실이 알려지면서 큰 공분을 샀어.

 화가 나는 일이지만, 우리에게 분노를 넘어선 다른 무엇이 필요할 것 같아. 가해 학생들에게 분노한다고 이런 일이 재발하지 않으리란 법은 없으니까. 이렇게 비극적인 사건이 왜 일어났을지 생각해 보자. 우리가 이 사건에서 주목해야 할 부분은 피해 학생의 환경이야. 피해 학생의 어머니는 러시아 사람이었어. 즉, 피해 학생은 다문화 가정에서 자란 '다문화 가정 자녀'였지.● 또한, 피해 학생 어머니는 남편 없이 혼자 자식을

● 흔히 '혼혈아'라고 부르지만, '다문화 가정 자녀'가 더 적절한 표현이야. '혼혈'은 순혈주의를 전제한 표현이거든. 순혈주의는 다른 민족의 피가 섞인 혈통을 배척하고 순수한 혈통만을 선호하는 태도야.

키우면서 어렵게 생계를 꾸려 왔어. 피해 학생은 다문화 가정, 한부모 가족, 저소득층 등 사회에서 배제되고 차별받는 조건을 두루 갖추고 있었던 거야.

한국 사회는 약자와 소수자를 배제하고 차별하는 경향이 강해. 여성, 이주민, 장애인, 성소수자 등에 대한 차별과 폭력이 만연해 있거든. 약자와 소수자를 괴롭히는 사회라고 할 수 있지. 사회는 다문화 가정이나 한부모 가정을 '비정상 가정'으로 낙인찍어. 남들과 다른 환경에서 자랐다는 조건은 일상적 배제의 앞자리를 차지하지. 이런 폭력이 학교 안에서도 그대로 되풀이되고 있어. 가해 학생의 폭력을 철부지의 문제 행동으로만 봐서는 안 될 거야.

학교는 사회의 축소판이야. 학교라는 작은 공동체는 사회라는 큰 공동체에 속해 있으니까, 청소년이 사회의 영향을 받는 건 당연해. 청소년이 병들었다면 그건 누구의 잘못일까? 병든 사회가 청소년을 병들게 한 거겠지. 강자가 약자를 억압하고 착취하는 세상, 정의가 승리하지 못하고 승리하는 것이 정의가 되는 병든 사회 말이야. 학교폭력은 사회의 폭력성을 되비추지. 약자와 소수자에 대한 폭력이 만연한 사회에서 청소년들만 멀쩡할 수 있을까? 학교폭력은 사회의 폭력이 학교로 스며든 결과야. 학교에서 벌어지는 폭력 사건들도 문제지만, 사회가 폭력적이라는 게 더 큰 문제 아닐까?

학교 안의 폭력들

'학교폭력'이라는 말은 보통 학생들 사이에서 벌어지는 폭력이라는 뜻으로 쓰이곤 해. 하지만 학교에서는 학생들끼리의 폭력 말고도 선생님과 학생 사이, 선생님과 선생님 사이, 관리자와 선생님 사이 등 다양한 폭력이 벌어지지. 선생님에게 모욕을 당하는 학생, 선생님의 잔심부름을 도맡아 하는 학생, 학교 행사를 위한 청소 및 정리에 동원되는 학생, 통제와 감시로 기본권을 침해당하는 학생…. 학교가 저지르는 폭력의 희생양들이야. 진짜 문제는 학교폭력이 아니라 폭력 학교인지도 몰라.

학교는 겉으로 평온해 보일 뿐, 실제로는 그렇지 않아. 누군가는 차별받고 무시당하거든. 학생은 선생님을 존경해야 하지만, 어떤 선생님은 학생을 존중하지 않기도 해. 힘센 어른은 힘없는 아이를 막 대해도 된다는 듯이 말이야. 학생들만이 아니야. 급식 조리원 등 정규직이 아닌 교직원들이 차별의 대상이 되기도 해. 학생들은 자신도 모르는 사이 이런 차별과 무시를 당연하게 여기게 돼. 힘센 아이는 자기보다 약한 아이를 괴롭힘으로써 학교에서 내면화한 폭력을 충실히 따르기도 하지.

교육공동체벗에서 출간한 《그리고 학교는 무사했다》에는 이런 구절이 있어. "긴 시간을 학교라는 공간에서 지내면서 학생들은 서로에 대한 정보를 모은다. 그들이 모으는 정보에는 누가 공부를 못하는지, 누구의 옷차림이 어떠한지 (…) 누가 힘이 센지, 내가 이길 수 있는 아이인지, (…) 어떤 집에 사는지 등 수많은 정보가 포함된다. 이러한 정보들이 재배열되거나 고착화되면서 권력 관계가 형성된다." 학교폭력은 그 권력 관계 속에서 벌어지는 거야.

학교에는 '자치'의 이름으로 다른 학생을 감시하는 제도가 있어. 2020년 전국교직원노동조합 강원지부가 조사한 바에 따르면, 조사 대상 학교의 92.5퍼센트가 학생 자치회에 선도부, 인성부, 질서부, 우애부, 바른생활부, 또래지킴이, 피스메이커부 등의 부서를 두고 있었어. 학교마다 이름은 다르지만, 이런 부서는 학생들을 감시하고 통제하는 역할을 하지. 교문 앞에서 복장 검사를 하거나 교칙을 어기는 학생을 찾아내는 일을 맡기도 해. 교사가 학생을 때리는 물리적 폭력은 사라졌지만, 다른 형태로 폭력이 진화한 건 아닐까?

시인 유하는 〈학교에서 배운 것〉이라는 시에서 "인생의 일할을 / 나는 학교에서 배웠지 (…) 매 맞고 침묵하는 법과 (…) 내

상상력을 (…) 최대한 굴복시키는 법"이라고 했어. 정해진 규칙과 지시를 따르지 않으면 학교는 혼을 내고 벌을 주지. 또, 남들과 조금만 달라도 배제하곤 해. 억눌리고 차별당하는 환경에서 지내다 보면 점점 폭력에 무감각해지지 않을까?

학교는 무엇을 해야 할까?

학교 안팎으로 수많은 폭력이 존재하지. 이런 현실을 고려하지 않고 폭력을 저지른 가해 학생만 처벌하는 것은 문제 해결과는 거리가 있어. 폭력을 낳은 것은 사회와 학교인데, 폭력을 저지른 학생에게만 책임을 물어선 안 되겠지. 반복되는 폭력을 끊어내려면 먼저 사회와 학교가 변해야 해.

첫째, 학교는 사회에 만연한 차별을 재생산하면 안 돼. 학교 자체가 폭력적인 상황에서 학생들에게만 폭력을 쓰지 말라고 요구하는 건 설득력이 떨어지지. 설령 사회가 차별과 배제로 가득하더라도 학교까지 그래선 안 돼. 학교는 사회가 그어놓은 차별과 배제의 선을 지워야지.

둘째, 학교가 학생을 존중해야 돼. 내가 존중받을 때 남도 존중할 수 있으니까. 자신의 권리가 존중받을 때 타인의 권리도 존중한다는 증거가 있어. 교육부의 〈2012~2013년 학생 1만 명당 월평균 학교폭력 현황 분석〉에 따르면, 학생인권조례가 제정된 서울·경기·광주 등의 학교폭력 건수 감소율은 학생인권조례가 없는 다른 지역(28.5퍼센트)보다 훨씬 높은 48.1퍼센트였어. 학교 안에서 학생의 인권을 존중할수록 학생에 대한 폭력, 더 나아가 학생들끼리의 폭력도 감소하게 되지.

신체적 폭력이든 언어적 폭력이든 폭력에 길들고 익숙해진 아이들은 나중에 폭력의 가해자가 되기 쉬워. 가까이는 학교폭력의 가해자가, 멀리는 부모가 돼서 가정폭력의 가해자가 될 수 있지. 폭력이 폭력을 낳는 거야. 청소년의 말과 행동을 걱정하기에 앞서 어른들도 스스로 자신의 말과 행동을 돌아봐야 하지 않을까?

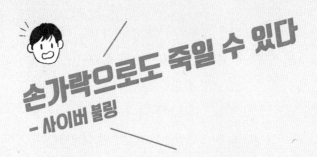

손가락으로도 죽일 수 있다
- 사이버 불링

디지털로 옮겨 간 왕따

〈우아한 거짓말〉이라는 영화에 이런 장면이 나와. 다른 친구들보다 1시간 늦게 생일파티에 초대받은 주인공이 혼자서 밥을 먹게 돼. 이미 식사를 마친 친구들은 카카오톡 단체방에서 주인공이 혼자 식사하는 모습을 욕하고 비웃지. 하루가 다르게 빠르게 변하는 세상에서 집단 따돌림의 방식도 변하고 있어.

이처럼 스마트폰 등 디지털 기기를 사용해 욕설이나 험담, 따돌림으로 상대를 괴롭히는 일을 '사이버 불링'이라고 불러. 가상공간을 뜻하는 사이버(cyber)와 집단 따돌림을 뜻하는 불링(bullying)의 합성어야. 왕따가 온라인으로 옮겨간 것으로 이해할 수 있어. 사이버 불링은 SNS(소셜네크워크서비스)부터 메신저, 온라인 게임까지 다양한 매체를 통해 이뤄지지.

교육부가 발표한 〈학교폭력 실태조사〉에 따르면, 사이버 불링 신고 접수 건수는 2012년 900건, 2013년 1082건, 2014년 1283건, 2015년 1462건, 2016년 2122건으로 해마다 증가하고 있어. 교육부의 〈2018년 1차 학교폭력 실태조사〉에서도 사이버 불링의 심각성이 확인되었지. 초등학교 4학년부터 고등학교 3학년까지 399만 명을 대상으로 조사한 결과, 사이버 불링

(10.8퍼센트)은 신체 폭행(10.0퍼센트)만큼 자주 벌어졌어.

소리 없는 폭력

사이버 불링에는 다양한 형태가 있어. 문자를 통한 유형, 사진 혹은 동영상을 전송하는 유형, 채팅방을 통한 유형, 온라인 게임을 통한 유형, SNS를 통한 유형 등이 대표적이야.

최근엔 특히 SNS에서 많이 벌어지지. 대화방에 강제로 초대해 단체로 욕하기('떼카'), 대화방을 나가도 끊임없이 초대하기('카톡 감옥'), 대화방에 초대한 뒤 피해자만 남겨놓고 한꺼번에 나가기('방폭'), 피해 학생 스마트폰의 데이터를 뺏어 쓰기('데이터 셔틀') 등 여러 유형이 있어.

초·중·고교생 4500명을 대상으로 조사한 〈2017년 사이버 폭력 실태조사 보고서〉에 따르면 사이버 폭력 가해 경험이 있다는 비율은 16.2퍼센트였어. 가해 이유는 '상대방이 싫어서'가 42.2퍼센트로 가장 많았고, '상대방이 먼저 그런 행동을 해서'가 40.0퍼센트였지. 피해자가 다시 가해자가 되는 악순환이 벌어지는 셈이야. 오프라인에서 벌어지는 왕따와 비슷하지. 집단 따돌림의 피해자가 더 가혹한 가해자가 되기도 하잖아?

사이버 불링의 특징은 지속적이고 반복적으로 괴롭힌다는 점이야. 시공간의 제약이 없거든. 언제 어디서든 인터넷 접속이 가능하면 가해와 피해가 발생할 수 있지. 피해 학생은 24시간 폭력에 노출돼 있다고 보면 돼. 피해자의 공포와 두려움이 매우 큰 이유일 거야.

사이버 불링의 가장 큰 문제 중 하나는 가해자들이 이를 잘못으로 생각하지 않는다는 점이야. 사이버 불링을 범죄로 보지 않고 가볍게 여기거든. 직접 폭행은 하지 않았다며 대수롭지 않게 생각하는 거야. 장난으로 시작하고, 재미로 동참하지. 여러 명이 한 사람을 따돌리고 괴롭힘으로써 유대감이 생긴다고 생각하기도 해.

가해자에게는 그저 장난일 수 있지만, 피해자에게는 큰 고통이야. 장난으로 던진 돌에 개구리는 맞아 죽잖아. "카톡, 카톡…" 스마트폰 알림이 울릴 때마다 가슴이 두근거리지. 불안으로 잠도 제대로 자지 못하기도 해. 몸에 남는 상처만 아픈 게 아니야. 몸에 남는 상처보다 마음에 남는 상처가 더 아플 수 있어. 피해자는 평생 지울 수 없는 마음의 상처를 입게 돼.

물리적 폭력은 보이는 상처나 흉터를 남겨서 발각되기 쉽지만, 사이버 불링은 그렇지 않아서 주변 사람이 알아채기 어려워. 피해자에게서 나타나는 몇 가지 징후를 통해 사이버 불링을 의심해 볼 수 있어. 스마트폰 알림이 계속 울리는데도 잘 확인하지 않는다거나 휴대폰 소액결제 요금이 갑자기 과다 청구되는 경우라면 사이버 불링이 의심되지.

절대로 장난일 수 없다

사이버 폭력은 현실이 아닌 사이버 공간에서 일어나기 때문에 폭력이라는 인식이 상대적으로 약해. 가해자가 죄책감을 덜 느끼는 이유야. 그러나 사이버 불링은 결코 장난일 수 없어. 엄연한 폭력이고 범죄야. 아직 사이버 불링을 처벌하는 별도의 법은 없지만, 채팅방 등에서 욕설을 했다면 모욕죄나 명예훼손으로 처벌받을 수 있어.

광고회사 이노션이 학교폭력피해자가족협의회와 함께 만든 '사이버 폭력 백신'은 5분 동안 가상으로 사이버 불링을 체험하는 앱이야. 실제 사이버 불링 피해 사례를 토대로 제작했는데, 그 폭력 수준이 앱에 담기 어려울 만큼 심각해서 체험 수위를 크게 낮췄다고 해. 그래도 굉장히 충격적이고 상처를 줘서 어른들도 견디기 힘들 정도야. 그래서 만 17세 이상만 다운로드 할 수 있어. 그런 폭력을 사이버 불링 피해자들은 최소

며칠, 길게는 몇 년씩 당하는 거야.

앱을 실행해 보면 피해자의 고통을 느낄 수 있을 거야. 그 감정을 꼭 기억해 둬. 공감만이 우리가 괴물이 되지 않게 하니까. "우리를 더 나아지게 만드는 것은 타인의 신발을 신고 설 수 있는 능력이다." 오바마 전 미국 대통령이 한 말이야. 타인의 입장이 되어 생각할 수 있는 능력이 있어야 다른 사람을 존중할 수 있겠지.

만약 사이버 불링을 당하고 있다면 혼자만 끙끙 앓지 말고, 꼭 주변에 도움을 청해. '117 학교폭력 신고센터'로 연락하면 도움을 받을 수 있어. 24시간 언제든 국번 없이 117로 전화를 걸면 센터 선생님이 친절하게 도와주실 거야. 명심해. 사이버 불링 같은 걸 겪더라도 넌 소중한 사람이야.

※ QR코드를 찍으면 사이버 폭력 백신 앱을 다운로드 할 수 있어. 만 17세가 안 되는 친구들은 사정을 설명드리고 부모님 스마트폰으로 다운받을 수 있어. 나쁜 행동을 배우기 위해서가 아니라 하지 않기 위해서 하는 간접 경험이라는 걸 명심하자!

크면 다 알게 될까?
- 성교육

성교육은 언제부터?

"아빠랑 엄마는 서로 사랑해. 그래서 뽀뽀도 하지. 아빠 고추가 커지면서 번쩍 솟아올라. 두 사람은 고추를 질에 넣고 싶어져. 재미있거든." 2020년, 여성가족부가 좋은 어린이 책으로 선정하고 배포한 한 출판사의 성교육 그림책이 논란이 됐어. 국회에서 한 의원이 해당 책을 두고 어린이 책에서 성을 지나치게 노골적으로 다뤘다며 '조기성애화'를 문제 삼았어. 어린아이들에게 노골적인 성교육을 하면 성에 일찍 눈을 뜨게 된다는 주장이었지. 논란이 커지자 여성가족부가 배포했던 책을 회수하는 결정을 내렸어. 해당 책은 최근에 출간된 것도 아니었어. 덴마크에서 50년 전에 나왔거든.

세계 최초로 성교육을 의무화한 스웨덴은 자기 신체를 인식하기 시작하는 만 4세부터 성교육을, 15세부터 피임 교육을 하고 있어. 너무 이른 시기가 아니냐고 생각할 수도 있지만, 교육학적으로 성교육은 일찍 시작할수록 좋대. 유네스코(유엔교육과학문화기구)의 기본 지침이기도 해. 성에 대한 편견과 고정관념이 생기기 전인 어린 나이에 성교육을 시작하면 호기심이나 왜곡된 충동으로 인한 문제를 예방하는 효과가 크거든. 유네스코에서 발간한 〈조기 성교육 지침서〉는 5세부터 성교육을 권장하고 있어. 수많은 연구들이 '조기 성교육이 성 경험 연령을 낮추지 않는다'는 점을 뒷받침하지.

사실 논란이 됐던 위의 그림책은 남성 중심적으로 성관계를 다룬다는 지적을 받기도 했어. 남성이 발기해도 여성이 원하지 않으면 성관계를 거절할 수 있으니까. 뽀뽀를 했으니까 성관계를 허락한 거 아니냐고? 그렇지 않아. 뽀뽀는 뽀뽀고, 성관계는 성관계야. 스킨십에 당연한 단계란 없어. 하지만 국회에선 아무도 그런 문제를 지적하지 않았고 '노골적인 묘사'만 문제 삼았지.

숨기지 말고 자연스럽게

너희는 성교육 수업에서 어떤 내용을 배웠어? 학교에서 이뤄지는 성교육은 비교적 단편적인 내용으로 채워지곤 해. 보통 정자, 난자, 자궁, 생리 주기 등 생물학적 지식을 배우는 경우가 많지. 실질적이지 못한 교육 내용, 부족한 교육 시간 등은 오랫동안 지적돼 온 문제지만 여전히 그대로야.

그러다 보니 정말 궁금했던 것들은 오히려 텔레비전이나 인터넷으로 배우게 되지 않니? 손목 채기, 기습 키스나 포옹,

벽에 밀치기… 연인 간 이런 행동들이 드라마에선 '로맨스'로 포장되곤 해. 로맨스로 그럴듯하게 포장해도 그건 박력이 아니라 폭력이야. 그뿐이 아니야. 우리가 인터넷상에서 접하는 음란물들은 폭력으로 가득해. 무엇이 애정 표현이고 무엇이 폭력인지 제대로 배웠다면 음란물의 심각성을 알아차릴 텐데 현실은 그렇지 못해. 성교육이 부실하기 때문에 미디어를 통해 잘못된 성 지식을 습득하게 되지.

교육부가 2015년 발행한 〈성교육 표준안〉에서는 "학생의 성 행동은 금욕을 기본으로 가르치라"고 권고되어 있지. '금욕' 지침은 청소년의 성을 바라보는 어른들의 시각을 반영한 결과일 거야. 청소년의 성 행동을 비도덕적으로 보고 금지할수록 문제만 생겨. 그럴수록 수치심과 죄의식 등 부정적 감정을 갖게 되거든. 그래서 보수적인 나라로 알려진 독일은 성교육만큼은 보수적으로 하지 않아. 성을 음습한 것, 숨겨야 할 것으로 여기지 않거든. 성을 좋고 나쁘고의 관점이 아니라 자연스러운 것으로 보고, 청소년이 성에 대해 죄의식을 갖지 않도록 노력해.

〈성교육 표준안〉에는 "여성의 바른 옷차림은 치마다", "여성은 예뻐야 하고, 남성은 돈을 많이 벌어야 한다" 같은 성차별적인 내용이 담겨 있어 문제가 됐어. 더 심한 부분도 있었어.

"남성의 성적 욕망은 충동적으로 나타난다", "데이트 성폭력은 여성이 데이트 비용을 내지 않아 발생한다", "성폭력을 방지하려면 이성과 단둘이 있지 마라" 같은 성폭력에 대한 잘못된 통념이었지.

남성의 성욕은 충동적이라서 통제가 안 될까? 아니야. 성적 욕구는 당연히 조절할 수 있고, 또 그래야만 해. 성폭력은 다른 게 아니야. 상대의 동의나 허락을 구하지 않고 나의 성적 욕구를 채우려고 하면 성폭력인 거야.

성폭력의 원인을 피해자에게서 찾는 교육은 성폭력에 대한 인식을 왜곡하고 부추길 우려가 있어. 물론 모든 학교가 성차별적이고 왜곡된 성교육을 실시하는 건 아니야. 그러나 잘못된 내용이 교육부의 표준안으로 나와 있다는 사실은, 아직 우리나라의 성교육이 미숙하다는 증거겠지.

2020년 담양의 한 고등학교에서 성교육 시간에 콘돔을 바나나에 끼우는 시연을 하겠다고 밝혔는데, 피임 교육이 성범죄를 부추긴다는 항의에 해당 수업이 취소됐어. 피임법을 알려 주는 게 성폭력을 부추길까? 콘돔 사용법을 알게 됐다고 해서 빨리 사용하고 싶은 마음이 드는 건 아니잖아. 숨기고 감춘다고 모르는 게 아니야. 맘만 먹으면 인터넷에서 손쉽게 접할 수 있으니까. 숨기지 않고 정확히 가르쳐야 하지 않을까?

성에 대한 관점 바꾸기

성교육을 받는다면, 다른 건 몰라도 두 가지 내용은 꼭 알아야 할 것 같아. 첫째는 성적 자기결정권이야. 내 몸의 주인은 나 자신이고, 누구도 허락 없이 타인의 몸을 함부로 할 수 없어. 키스든, 성관계든 모든 성적 행위는 상대방의 동의를 전제로 해야 해. 동의 없이 상대의 몸에 손을 대는 건 폭력이라는 걸 명심하자. 누구도 타인의 성적 권리를 침해해선 안 된다는 사실을 똑똑히 배워야 해.

타인의 성적 권리를 존중하도록 가르치는 교육 못지않게 가해 예방 교육도 중요하지. 지금은 피해 중심의 예방 교육을 하는데, 피해자가 조심할 점을 알려주는 교육은 한계가 있어. 피해자가 아무리 조심해도 완벽한 예방은 불가능하거든. 보행자가 주의해도 운전자가 난폭 운전을 하면 피하기 어려운 것처럼 말이야. 성폭력을 당하지 않게 조심해야 한다고 가르치는 것보다 타인의 성적 권리를 침해해선 안 된다고 가르치는 것이 더 효과적이지. 피해 예방('당하지 마라')에서 가해 예방('하지 마')으로 성교육의 초점을 옮겨야 해.

둘째는 피임법이야. 성교육에서 제일 중요한 게 피임법이라고 생각해. 원치 않는 임신과 출산으로 많은 여성들이 고통받

거든. 특히 청소년 비혼모**의 어려움이 굉장히 크지. 질병관리
본부의 〈2018년 청소년 건강형태조사 통계〉에 따르면 성 경
험이 있는 청소년의 40.7퍼센트가 피임을 하지 않았다고 해.

미국의 성교육은 보수적인 반면에 유럽의 성교육은 자유로
운 편인데, 중요한 차이는 피임 교육이야. 유럽에선 피임법을
적극적으로 가르치거든. 미국의 10대 임신율은 프랑스의 2배,
독일의 6배에 달해. 피임법을 정확히 알려 주고 청소년들이 콘
돔 같은 피임 도구를 쉽게 구할 수 있는 사회일수록 10대 임신
율이 낮아. 무조건 숨기고 억누른다고 좋은 게 아니야.

2019년, 세계 최대 아동 성착취물 사이트 '웰컴 투 비디오'
의 운영자가 징역 1년 6개월의 실형을 선고받았어. '웰컴 투
비디오'는 아동·청소년 성착취물 등 22만여 건의 음란물을 유
포했고, 해당 사이트의 피해자 중에는 생후 6개월의 아기도
있었어. 사이트에서 아동 포르노를 내려받은 미국인들은 징역
5~15년의 중형을 선고받았지. 그런데 정작 사이트의 운영자

● 흔히 '미혼모'라고 부르는데, 여기서 미혼(未婚)은 적절하지 않은 표현이야. 미혼은 '아직
　결혼하지 않았다'는 뜻으로, 결혼을 당연히 해야 하는 것으로 전제한 표현이거든.

는 한국에서 고작 1년 6개월을 선고받았어. 정말 아이러니한 상황이야.

성교육은 부실하면서 성범죄는 만연한 사회. 50년 전 출간된 성교육 그림책은 문제 삼지만, 세계 최대 아동 성착취물 공유 사이트 운영자에 대한 처벌은 솜털처럼 가벼운 사회. 이런 사회를 바꾸려면 지금이라도 제대로 된 성교육을 실시하고, 건강한 성 지식을 가르치고 배워야 할 거야.

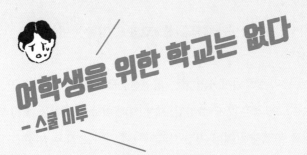

여학생을 위한 학교는 없다

- 스쿨 미투

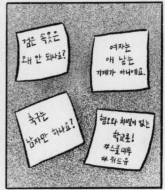

파도가 해일이 되다

2018년 트위터 사회 분야에서 가장 많이 공유된 단어가 뭔지 아니? 바로 '스쿨 미투'였어. 서울 용화여고 창문에 'me too, with you'라는 글귀가 나붙으면서 학교 안 성폭력이 이슈화되기 시작했어. 졸업생 96명이 교사 18명의 상습적인 성폭력 문제를 세상에 알렸고, 재학생들은 창문에 써 붙인 글귀로 지지를 표시했지. 여기에 70여 개의 학교가 연대했어.

학생들이 경험한 성폭력은 여러 종류였어. 교사로부터 불쾌한 말을 들었고, 불필요한 신체 접촉을 당했지. 성추행과 성적인 모욕감을 주는 성희롱 등은 물론이고 성차별적 발언, 여성이나 성소수자에 대한 혐오 발언도 많았어. 예를 들어 "예쁜 여자는 공부 못해도 시집 잘 가면 돼" 같은 말. 여성이라는 이유만으로 남성의 부수적 존재로 여기고, 미래의 가능성을 폄하하는 성차별적 표현이었지.

'일부 교사'가 아니라 '학교 전체'가 문제다

2017년 10월, 미국의 유명 영화 제작자가 성폭력을 일삼았

다는 뉴스가 보도되자 여자 배우들이 '나도 말한다(me, too)'
며 피해 사실을 알렸어. 가해자의 영향력이 큰 탓에 그동안 말
하지 못했지만, 더 이상 숨지 않고 피해자와 연대하겠다는 미
투 운동의 시작이었지.

신고 후 당할 불이익이 두려워 피해 사실을 밝히지 못한 건
학생들도 마찬가지였어. 학교에서는 일방적으로 정해진 교칙
을 지켜야 마찰 없이 생활할 수 있지. 안 그러면 벌점이나 징
계 등의 불이익을 받으니까. 게다가 선생님은 추천서, 생활기
록부 등 학생의 진로와 미래를 좌지우지할 권한을 갖고 있어.
이처럼 압도적이고 수직적인 위계 관계 속에서, 학생이 선생
님의 부당한 행위를 알릴 수 있을까?

피해 고발 이후에 불이익을 막을 장치가 없는데도 70여 개
학교가 스쿨 미투에 연대했어. 반대로 말하면 아직 알려지지
않은 사건들, 침묵 속에서 여전히 고통 받는 학생들이 훨씬 많
을 거야. 학생의 인권을 존중하지 않는 경향이 강한 학교에선
성폭력이 은폐되기 더 쉽지. 문제 해결보다 고발 학생을 찾기
바쁘니까. 그런 환경에선 내부 고발이 쉽지 않아.

예전에는 학교 성폭력을 신고하면 '학교 망신'으로 몰아세
우는 등, 피해자를 낙인찍는 일이 벌어지기도 했어. 흔히 '2차
가해'라고 부르는 문제야. 가족·친구·동료 등 주변 사람들, 언

론·사법기관·의료기관 등 관련 기관에서 피해자에게 부정적 반응을 보이는 것이 2차 가해지. 피해자가 원인을 제공했다는 식으로 피해자에게 책임을 돌리고 비난하는 거야. "처신을 어떻게 했길래 그런 일을 당하니?" 같은 말로 피해자를 몰아세우지. 성폭력이 벌어진 건 피해자가 아니라 가해자의 잘못이야. 어떤 경우에도 피해자를 탓하거나 비난해선 안 돼.

성폭력이 벌어졌을 때 대다수 학교의 대응은 더디고 미흡하지. 가해 교사는 솜방망이 징계를 받기 일쑤야. 피해 사실을 경찰에 신고하면 가해자가 중징계를 받고, 학교에 알리면 경징계를 받는다고 해. 경징계 처분을 받으면 해당 교사는 아무 일 없었던 것처럼 교단에 복귀하지. 2016년부터 2018년까지 성범죄를 저지른 교사 43퍼센트가 학교로 다시 돌아왔어. 2019년 기준, 스쿨 미투가 제기된 65개 학교 중 전수조사가 진행된 곳은 27군데에 불과했지. 가해 교사가 사직 처리된 학교는 네 곳뿐이었어.

가해자의 처벌과 징계도 중요하지만, 그걸로 모든 게 끝나는 건 아니야. 파렴치한 개인의 문제로 축소해선 안 돼. 학생들이 고발한 건 '일부' 교사가 아니야. 지금의 학교는 폭력적·성차별적 문화로 가득해. 미투 운동이 들불처럼 번진 이유겠지. 학교 안에서 일상적으로 벌어지는 폭력적·성차별적 문화가 사라지지 않는다면 스쿨 미투도 사라지지 않을 거야.

모두의 노력이 필요하다

학교는 두발 및 복장 규제, 체벌 등으로 신체에 대한 간섭과 침해를 저지르고는 해. 또, 교사가 차별적 발언을 했을 때 학생이 자유롭게 비판하기 어려워. 학생의 인격을 존중하지 않는 환경에서는 모욕적인 언행, 성폭력이 더 쉽게 발생하지 않을까? 게시판, 대자보 등 의견을 드러낼 민주적 통로가 없을 때 그런 문제는 계속될 거야.

"한 명의 아이를 키우기 위해선 온 마을의 노력이 필요하다"는 아프리카 속담처럼 학교 내 성폭력을 해결하려면 모두의 노력과 힘을 모아야 해. 학교 내 성폭력에 대한 전수조사, 교사에 대한 페미니즘 교육 의무화 등은 교육부와 교육청이 할 일이겠지. 경찰은 스쿨 미투 사건에 대해서 수사와 처벌에 적극 힘써야 해. 성폭력 교사 징계에 미온적인 사립학교에 대해서는 국회가 사립학교법 개정에 나서야 할 거야.

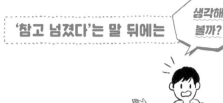

'참고 넘겼다'는 말 뒤에는

여성가족부가 발표한 〈2018년 성희롱 실태조사 결과〉에 따르면 성희롱 피해 경험자의 81.6퍼센트가 성희롱 피해에 대처하지 않고 '참고 넘어갔다'고 응답했어. 성희롱뿐만 아니라 성기 노출, 신체 접촉을 동반한 성추행, 심지어 강간까지 신고조차 되지 않는 경우가 많아. 왜 피해자들은 참고 넘겼을까?

같은 조사에서 응답자의 31.8퍼센트는 성희롱 피해에 적극적으로 대처하지 않은 이유에 대해 '문제를 제기해도 해결될 것 같지 않아서'라고 답했어. 문제를 드러내도 가해자가 처벌받지 않거나, 오히려 자신이 불이익을 받을 것 같았다는 거야.

성폭력 사건이 일어났을 때 즉시 밝히고 가해자에 대한 처벌이 이뤄져야 안전한 사회가 될 수 있을 거야. 그런 사회가 되려면 신분이 노출이 되지 않도록 피해자를 보호하고, 2차 가해가 이뤄지지 않도록 조치해야 해. 같은 조사에서 직장 내 성폭력 가해자는 회사에 남고 오히려 피해자가 퇴사한 비율이 15.5퍼센트나 됐어. 피해자를 제대로 보호하지 않은 결과일 거야. 피해자를 최우선으로 보호하고, 가해자는 엄벌해야겠지.

배제당하지 않을 권리

우리는 때때로 세상의 중심에 놓이기도 하고,

바깥쪽에 놓인 소수자가 되기도 해. 내가 어느 쪽에 놓인 사람이든

기본적인 권리를 누리고 행복한 삶을 살 권리가 있겠지?

그러기 위해서는 내가 먼저 바깥쪽에 있는 사람들에게 귀를 기울여야겠지.

입장을 바꿔 생각해 보면 나와 다르다 해도 이해할 수 있을 거야.

장애란 없다
- 장애인권

보이지 않는 사람들

2021년 2월, 서울장애인차별철폐연대 회원 60여 명이 서울 지하철 4호선 당고개역에서 열차 다섯 대에 나눠 탑승했어. 이들은 역마다 내렸다 탔다를 반복하며 장애인 이동권 보장을 요구하는 시위를 벌였지. 이 시위로 인해서 4호선 열차 운행이 지연되기도 했어. 왜 그런 시위가 열리게 됐을까?

2019년 기준 등록된 장애인 숫자만 261만 명이고, 미등록자까지 포함하면 400만 명이 넘을 것으로 추정돼. 261만 명이면 우리나라 전체 인구의 5퍼센트 수준이야. 인구의 5퍼센트가 장애인이라면, 확률적으로 지하철을 탄 200~300명의 사람들 중에서 10~15명의 장애인을 마주치게 되겠지? 그런데 실제로는 하루에 한두 명도 보기 어려워. 왜 그럴까?

이동할 수 있는 권리

'이동권'이라는 말이 있어. 쉽게 말해 이동할 수 있는 권리를 뜻해. 2003년 국립국어원 신어(新語) 자료집에 수록된 단어야. 그러니까 그전에는 거의 사용되지 않는 말이었어. '이동'이 생존에 필요한 당연한 권리라고 여겨지지 않았거든. 그 전까지 사용되지 않았던 말, 즉 그다지 관심을 받지 못했던 이동의 권리가 2003년 즈음부터 주목받기 시작했던 거야. 그때부터 더 많은 장애인들이 이동권을 주장했고 비장애인들도 관심을 갖기 시작했어.

이동권은 생활에서 가장 기본이 되는 중요한 권리야. 학습권, 노동권, 행복추구권 등 다른 기본권들이 이동권을 전제하기 때문이지. 물론 비장애인 중에는 이를 남의 일처럼 여기는 이들도 있어. 하지만 누구나 언제든지 장애인이 될 수 있지 않을까? 등록 장애인 261만 명 가운데 80퍼센트 이상이 후천적으로 장애를 갖게 됐거든. 그래서 '일시적 비장애인'이라는 말도 있어.

또, 인권은 상호 보완적이라서 누군가의 인권이 신장되면 나의 인권도 함께 신장되기 마련이야. 장애인을 위한 엘리베이터나 경사로가 생기면 나이 많은 어르신이나 유아차●를 끌고 온 사람도 쉽고 편하게 이용할 수 있는 것처럼 말이야.

● 흔히 '유모차(乳母車)'라고 표현하는데, 유모차는 양육의 주체를 여성으로 한정한 표현이야. 그래서 유아를 태운 차라는 뜻인 '유아차'라는 표현을 사용했어.

보이는 턱, 보이지 않는 턱

세상에는 장애인을 가로막는 턱들이 있지. 보이는 턱과 보이지 않는 턱이 장애인을 겹겹이 에워싸고 있어. 보이는 턱은 말 그대로, 물리적 장벽이야. 장애인이 집 밖으로 나오기 어려운 이유야.

교통약자의 외출 빈도는 일반인보다 낮다고 해. 지역 내 외출 빈도는 차이가 없지만, 지역 간 외출 빈도는 큰 차이를 보이지. 〈2017년 교통약자 이동편의 실태조사〉에 따르면, 1년에 15회 이상, 즉 월 평균 1회 이상 외출하는 비율은 일반인(31.8퍼센트), 고령자(23.3퍼센트), 임산부(13.9퍼센트), 장애인(6.0퍼센트)순이었어.

버스 출입문이 아주 낮게 설치돼서 무릎이 안 좋은 어르신 또는 휠체어를 타거나 목발을 짚은 사람이 승하차할 수 있는 버스가 있지. 바로 저상버스야. 저상버스가 도입된 지 17년이 지났지만 여전히 부족한 실정이지. 우리나라 저상버스 보급률은 19퍼센트 수준이야. 고속버스·시외버스 중에는 저상버스가 한 대도 없어. 장애인의 지역 간 외출 빈도가 낮은 중요한 이유일 거야. 영국 같은 나라는 2000년부터 22석 이상의 대중교통 수단은 저상버스로 운행하도록 하고 있어.

보이는 턱 아래에는 보이지 않는 턱이 있어. 장애인에 대한 편견과 차별의 턱이야. 현실에서 '장애'는 부족함이나 열등함의 의미로 끊임없이 재생산되지. '결정장애' 같은 표현이 대표적이야. 무언가를 쉽게 결정하는 못하는 상태를 표현할 때 쓰는 말인데, 군이 '장애'라고 표현할 필요가 없는데도 그 말에는 '장애'가 들어 있어. '눈뜬장님', '절름발이 정책' 같은 표현도 비슷하지.

만들어진 개념, 정상과 비정상

장애인은 특정한 사회 환경에서 장애인이 되지. 장애를 장애로 묶어 두는, 그런 사회 속에서 말이야. 가령 안경을 쓰지 않으면 잘 보지 못하는 사람이 있다고 해 봐. 안경이 없던 시대라면 그 사람은 장애인의 범주에 들어갔겠지. 신체를 보조하는 기술이든, 장애인에 대한 의식이든, 사회 제도나 환경이든, 장애를 둘러싼 불편과 편견이 없어진다면 장애는 장애가 아닌 것이 되지. 그런 의미에서 장애란 없을지도 몰라. 장애를 장애로 못 박고 차별하는 사회가 있을 뿐이야.

프랑스의 철학자 미셸 푸코는《광기의 역사》에서 "광인은 생겨나는 것이 아니라 만들어지는 것"이라고 말했어. '정상'의 개념이 사회적 산물이라는 거지. '정상'과 '비정상'이 만들어진 개념인 것처럼 '장애'와 '비장애' 또한 만들어진 개념이야. 장애인의 인권과 생존권을 연구하는 장애학(disability studies)에서도 장애를 당대 사회가 정치적·경제적·문화적·교육적으로 구성한 문제로 보고 있어.

선량한 차별주의자

앞서 소개한 장애인 이동권 시위로 시민들은 불편을 겪었을 거야. 개중에는 다른 시간대도 많은데 하필 출근 시간대에 시위를 벌여서 민폐를 끼치는지 모르겠다며 불평하는 사람도 있었을 테지. 평소 한 시간이면 충분할 거리를 두 시간 만에 가게 되어 지각을 한다면 누구나 짜증이 나겠지. 그런데 그런 불평과 짜증은 '선량한 차별'이 아닐까? 선량을 가장한 무관심의 차별 말이야. 당시 시위에 참가한 한 장애인은 이렇게 소리쳤어. "여러분들의 불편은 잠깐이겠지만 장애인들은 평생 이동의 권리와 자유를 위협당하며 삽니다."

정말 그 말대로지. 비록 많은 사람이 불편을 겪긴 했지만,

그 불편은 기껏 한두 시간의 불편이었어. 그러나 장애인들은 그런 불편을 평생 겪으며 살지. 지하철을 타려고 엘리베이터를 찾아 역 입구를 뱅뱅 도는 일을 상상해 봐. 고속버스에는 저상버스가 한 대도 없다고 했지? 사회가 장애인 이동권을 위해서 별다른 노력을 하지 않으면서 오로지 자기 불편만 하소연하는 건 장애인에게 명백한 차별이지 않을까?

사람들은 자기도 모르는 사이에 타인을 차별하고 있다는 사실을 인정하지 않지. 가령 많은 흑인들이 여전히 차별을 받고 있다고 느끼지만, 많은 '선량한' 백인들은 자신이 차별주의자가 아니라고 생각해. 차별받는 사람은 있는데 차별하는 사람은 없는 이상한 상황이지. 왜 이런 일이 벌어질까?

《선량한 차별주의자》라는 책에서는 그 이유로 '특권'을 제시해. 흔히 특권을 재벌이나 권력자 같은 소수의 특혜로 좁게 이해하지만, 특권은 특별한 사람들만 향유하는 게 아니야. 특권이란 유리한 사회적 조건 덕분에 누리는 온갖 혜택을 말하지. 가령 대중교통 이용도 특권이 될 수 있어. 휠체어를 타는 장애인이 시외버스 등을 타기 힘든 상황과 비교하면 대중교통 이용은 특권이야. 누군가 당연한 권리라고 생각하는 것들이 다른 누군가에겐 특권일 수 있지.

비장애인이라서, 남성이라서, 이성애자라서, 한국인이라서 대개의 사람들이 아무렇지 않게 누리는 것들이 그것을 누리지 못하는 장애인, 여성, 동성애자, 이주노동자와 난민에게는 특권일 수밖에 없어. 자기만 누리는 특권을 당연한 권리로 여기는 순간, 그것을 누릴 수 없는 이들에게 의도치 않은 차별을 가할 수 있지. 대놓고 하는 차별은 아니지만, 은밀하고 보이지 않는 차별이야.

누가 진짜 괴물일까?
- 성소수자 인권

사랑을 금지하는 사회

"내가 이상한 걸까? 나만 이러는 걸까?" 성소수자 청소년은 자기 정체성에 큰 혼란을 겪지. 우리 사회는 성소수자를 괴물 취급하기도 하니까. 가족이나 친구처럼 가까운 사람이 성소수자에 대한 혐오 발언을 하거나 정체성을 부정할수록 혼란은 가중돼.

국가인권위원회의 〈성적 지향·성별 정체성에 따른 차별 실태조사〉에 따르면 성소수자 청소년 중 92퍼센트가 성소수자를 적대시하거나 모욕하는 상황을 경험했어. 80퍼센트는 교사에게서 경험했다고 답했지. 또한 응답자의 19퍼센트는 학교에 동성 간 교제를 이유로 청소년을 징계하고 각종 활동에 참여하지 못하게 하는 차별적인 규정이 있다고도 답했어.

앞서 살펴본 것처럼 학교에서 이루어지는 성폭력 예방 교육 등 대부분의 성교육은 편견과 차별로 가득해. 성소수자를 배제하거나 청소년 비혼모를 부정적으로 묘사하기도 하거든. 2019년, 유엔아동권리협약 이행에 대한 5·6차 심의에서 유엔아동권리위원회의 잇따른 지적에도 불구하고 한국 정부는 성소수자의 인권을 포함한 성교육을 할 계획이 없다고 밝혔어.

있는 그대로의 사랑

  미국의 여론조사 기업 갤럽의 2016년 조사에 따르면, 미국
전체 인구의 4.1퍼센트가 동성애자야. 25명 중 한 명 꼴이지.
대체로 전체 인구의 5~15퍼센트가 성소수자라고 해. 성소수자
는 동성애자 말고도 여성과 남성에게 모두 끌리는 양성애자,
생물학적으로 남성 또는 여성의 몸으로 태어났지만 스스로 그
와는 다른 성을 가졌다고 여기는 트랜스젠더 등을 포함해.

  만약 네가 누군가를 사랑하게 됐는데, 그 사람을 사랑한다는
사실만으로 비난과 매도를 당하면 마음이 어떻겠어? 억울하고
쓸쓸하고 아프겠지? 성소수자들이 바로 그런 상황인 거야. 단
지 사랑하는 사람이 '같은 성'이라는 이유만으로 말이야.

  "다른 사람이 당신을 대해 주기 바라는 대로 그들을 대하라."
오바마 전 미국 대통령이 동성 결혼을 지지하며 한 말이야. 누
구나 있는 그대로 자신의 모습, 자신의 감정, 자신의 사랑을
인정받길 원할 거야. 만약 네가 이성을 좋아한다면 네 감정과
태도가 이상하다거나, 비정상이라고 비난받지 않겠지. 동성애
자를 대할 때도 그런 자세여야 하지 않을까? 각자의 사랑을
있는 그대로 인정해야 해.

  어떤 남성을 향해 "나는 당신이 남자인 것에 반대한다"라고

말할 수 있을까? 잘못된 말과 행동을 반대하고 비판할 순 있어. 그러나 존재 자체를 반대하거나 비난할 순 없지. 동성애도 마찬가지야. 동성을 사랑하는 것은 의지나 선택의 문제가 아니거든. 당사자가 설명하기 어려운 존재 자체의 문제야. 이성애자가 왜 자신이 이성애자인지 스스로 설명할 수 없는 것처럼 말이야.

그렇다면 "동성애를 찬성하나, 반대하나" 같은 문제를 두고 토론하는 것도 부적절하지 않을까? 텔레비전 토론에서 가끔 '동성애 찬반'을 주제로 삼을 때가 있어. 이성애를 두고 찬성하는지 반대하는지 토론하지는 않잖아? 마찬가지로 동성애를 두고 찬성하는지 반대하는지 토론하는 것 자체도 적절하지 않아.

동성애는 변태적 성욕이라는 주장도 있는데, 변태의 기준이 대체 뭘까? 성범죄자 비율로 변태를 가늠해 본다면, 이성애자든 동성애자든 성범죄자 비율은 차이가 없어. 오히려 성소수자들이 동성애 혐오 범죄로 성폭력 피해를 더 많이 경험하지. 혹시 '교정 강간'이라고 들어 봤어? 동성애 성향을 교정하겠다며 성폭행을 가하는 거야. 2016년 미국 질병통제예방센터의 조사에 따르면, '성폭행을 경험했다'고 응답한 비율이 성소수자 학생(18퍼센트)이 이성애자 학생(5퍼센트)보다 더 높았어.

성소수자를 루저로 여기는 이들이 있지만, 동성애자는 그저

같은 성을 가진 이를 사랑하는 사람일 뿐이야. 'loser'가 아니라 'lover'인 셈이지. 진짜 괴물은 차별을 당하는 쪽이 아니라 일삼는 쪽 아닐까? 성소수자를 범죄자 취급하는 국가와 사회가 혐오와 차별을 부추기고 있으니까. 한 명이라도 자유롭지 못한 사회는 결코 자유로운 사회가 아니야.

⟦ 차별금지법이 필요하다 ⟧

차별금지법이라는 말, 들어 봤어? 성별·인종·종교·장애·성적 지향 등을 이유로 고용상의 불이익을 주거나 교육 기회를 박탈하는 등의 차별을 금지하는 법이야. 우리 사회의 구성원 모두에게 차별하지 않을 의무를 부여하는 법이지. 주요 선진국들은 이미 앞다퉈 차별금지법을 제정했어. 2020년 인권위가 실시한 여론조사에서 차별금지법 제정에 찬성한다는 의견은 88.5퍼센트나 됐고, 한국여성정책연구원 조사에서도 87.7퍼센트가 차별금지법 제정에 찬성했어.

그러나 차별금지법은 2006년 이후 14년째 국회 문턱을 넘지 못하고 있지. 법안 발의만 여덟 번 이뤄졌지만, 번번이 좌절되고 말았어. 14년째 제자리걸음인 이유가 뭘까? 보수 개신

교계의 반발 탓이 커. '성적 지향' 차별 금지를 두고 "동성애를 옹호하고 조장한다"며 반대하고 있거든. 정치권에선 성적 지향을 제외하고 차별금지법을 우선 통과시키자는 의견도 있어. 답답한 마음은 이해하지만, 차별금지법을 만드는 과정에서조차 차별이 난무해서는 안 되겠지.

차별금지법은 모두를 위한 법이야. 앞서 살펴본 스쿨 미투의 경우에도 차별금지법이 통과되면 새로운 전기를 맞지 않을까? 지금까지 가해 교사들은 "농담이었다", "좋은 의도였다" 같은 말로 변명해 왔지. 차별금지법은 가해 교사의 언행이 차별이자 가해로 인정되는 근거가 될 수 있어. 차별금지법이 통과된다면 차별받는 이들의 삶도 조금은 달라지지 않을까? 덴마크, 스웨덴 등에서 동성 결혼을 합법화하자 성소수자 자살률이 절반으로 감소했다고 해. 차별이 사라지는 만큼 세상은 밝아지지.

우리 안의 그들
- 이방인 혐오

국민이 먼저다!
가짜 난민을 추방하자!
혐오가 아니다.
안전을 원한다.

가짜 난민 OUT

난민이 들어오면
범죄가 증가한다며?

실제로 그렇지는 않다던데?
외국인이 많이 들어온다고
범죄가 늘어나는 건 아니래.

혐오 표현도 폭력이다

　코로나19가 퍼지기 시작하면서 중국인을 비하하는 '짱깨'라는 표현이 인터넷과 SNS에서 급증했어. 《한겨레》 신문의 조사에 따르면, 트위터에서 '짱깨'라는 표현은 '중국인 입국 금지 요청'이라는 글이 청와대 국민청원 게시판에 올라온 2020년 1월 23일 32회였다가, 청원 참여자가 20만 명을 돌파한 사흘 뒤 1013회로 31.6배나 급증했다고 해.

　최근 인종이나 출신 국가를 비하하는 '짱깨', '흑형', '똥남아', '쪽발이' 같은 인종차별적 표현이 무분별하게 사용되고 있어. 국가인권위원회가 2019년 발표한 〈혐오표현 청소년 인식조사〉에 따르면, 응답자 중 절반 가량만이 '짱깨' 등을 혐오 표현으로 인식했어. "난민을 몰아내자, 너희 나라로 가라" 같은 말을 혐오 표현으로 인식하는 청소년은 47.3%였으며, "외국인은 범죄 증가의 주범이다" 같은 말을 혐오 표현으로 인식하는 청소년은 47.1%였어.

　인종이나 민족, 국적, 성별, 연령 등을 트집 잡아 가해지는 혐오 표현은 그 자체로도 폭력이지만 더 큰 폭력을 낳는 도화선이 되지. 편견을 말로 드러내면 혐오 표현이고, 물리적인 폭력으로 드러내면 증오 범죄가 돼. 증오 범죄는 갑자기 벌어지는 게 아니야. 혐오 표현을 일삼는 사람들 중에서 증오 범죄자가 나오기 마련이지. 혐오 표현이 더 큰 폭력으로 발전하는 거야.

수직 폭력이 수평 폭력으로

어떤 사람들은 "난민이나 이민자가 들어오면 범죄가 늘어난다"고 주장해. 범죄가 늘어나는 게 난민과 이민자 탓일까? 인구 10만 명당 범죄자를 비교해 보면 내국인이 외국인보다 2.5배 더 많아. 한국형사정책연구원의 〈한국의 범죄 현상과 형사정책〉이라는 보고서에 따르면, 2012년부터 2016년까지 내국인과 외국인 인구 10만 명당 검거된 범죄자는 내국인 3368명, 외국인 1441명이었어. 외국인이 내국인의 절반에도 못 미쳤지. 사람들이 난민·이민자 등을 잠재적 범죄자로 생각하지만, 실제로는 사실이 아닌 거야.

사람들은 사회적 불만을 진짜 원인이 아닌 다른 쪽으로 돌리는 경향이 있어. 문제의 원인이 거대한 구조에 있다고 인정하면 무력감이 들거든. 문제가 거대한 만큼 해결이 쉽지 않을 테니까. 이때 눈에 보이는 구체적인 무엇을 비난하면 무력감을 잠시나마 잊을 수 있어. 기득권층에 대한 불만을 사회적 약자에게 표출함으로써 불만이 해소되는 듯한 착각에 빠지는 거야.

　약자에 대한 혐오와 폭력은 대개 강자나 권력에 대한 불만의 대리 표출일 때가 많아. 혐오를 일삼는 이들은 인정하지 않겠지만, 강자나 사회에 대한 억눌린 분노가 사회의 약한 부분으로 향하는 거야. 분노를 해소할 방법도 없고, 강자에게 도전할 용기는 더더욱 없고.《대한민국 몰락사》에서는 그래서 선택하는 방식이 "'분노해야 할 대상'에게 분노하기보다 '분노할 수 있는 대상'에게 분노하는" 거라고 설명했어. 패배의식에서 벗어날 수 있는 손쉽지만 나쁜 방법은, 자기보다 약한 사람을 찾아서 그를 욕보이는 거지. 약자를 조롱하면, 자신이 강자가 된 기분이 드니까.

　알제리가 프랑스의 식민지였던 시절 벌어진 무차별적인 폭력 사태가 대표적인 사례야. 식민 지배를 받는 사람들이 식민 권력에 저항하지 못하고 억눌린 감정을 같은 민족 중 가장 약한 이들에게 퍼부었거든. 정신과 의사이자 사상가였던 프란츠 파농은 이를 '수평 폭력'이라 이름 붙였지. 파농은 "수평 폭력은 자신을 억압하는 근원을 향해 분노를 표출하는 것이 아니라 자신과 비슷하거나 나약해 보이는 사람에게 대신 분노를 드러내는 것"이라고 말했어.

식민 권력이 가하는 '수직 폭력' 탓에 위(권력)로 저항하지 못하고, '수직 폭력'으로 발생한 스트레스를 옆(약자)으로, 다시 말해 '수평 폭력'으로 해소하는 거야. 여기에는 크게 두 가지 문제가 있어. 첫째는 사회적 약자가 부당한 폭력을 당한다는 점이고, 둘째는 수직 폭력의 원인이 은폐된다는 점이지.

힘없는 이들은 왜 혐오의 대상이 될까? 이유는 간단해. 마음껏 괴롭혀도 후환이 두렵지 않기 때문이지. 공격해도 보복당할 위험이 없으니까.

▎ 배제가 아닌 포용 ▎

한 나라의 인권 현실을 가늠할 수 있는 리트머스 종이가 둘 있지. 하나는 난민이나 이주 노동자 등 타국에서 온 약자들이고, 또 하나는 감옥에 갇힌 재소자들이야. 가장 낮은 자리에 있는 사람들이 어떤 대우를 받는지를 보면 그 나라의 인권 현실을 알 수 있지.

여성가족부가 발표한 〈2018년 국민 다문화수용성 조사〉에 따르면, 국민 열 명 중 세 명이 외국인 노동자 혹은 이민자를 이웃으로 삼고 싶어 하지 않았어. 난민에 대해서는 열 명 중

다섯 명이 이웃으로 함께하길 거부했어. 외국인에 대한 편견도 문제지만, 국가 정책도 문제야. 이방인을 끌어안는 포용 정책이 없는 건 아니지만, 충분히 포용적이지 않거든. 우리나라는 1994년부터 지금까지 난민 신청자 7만여 명 중 1.5퍼센트만을 받아들였어. 전 세계 190개국의 난민 수용 평균은 30퍼센트였는데 말이야.

프란치스코 교황은 "예수의 부모인 마리아와 요셉도 이방인이었다"고 했어. 이민자와 난민을 포용해야 한다는 메시지였지. 누구나 소수자일 수 있어. 본인이 소수자가 아니라서 소수자의 처지에 잘 공감되지 않는 사람도 있을 거야. 만약 한국 사람이 미국 같은 다른 나라로 이민을 간다면, 바로 소수자가 되겠지. 입장을 조금만 바꿔서 생각해 보면, 그들에게 공감할 수 있을 거야.

서울 공화국
- 지역 격차

할머니가 큰 수술을 하셔야 해서, 서울에 있는 대학병원에 며칠 다녀와야겠다.

저 뮤지컬 보고 싶은데, 서울에서만 공연하네...

공연소

인서울 대학 다니려면 어쩔 수 없이 자취를 해야겠네. 월세도 만만치 않을 텐데...

하...

왜 모든 건 다 서울에 있을까? 지방에도 사람들이 산다고!

서울이 언제나 중심?

위아래를 뜻하는 상하(上下)는 여러 의미로 활용되곤 해. 윗사람과 아랫사람, 귀하고 천함, 좋고 나쁨 등의 의미로 말이야. 보통 상(上)에 해당하는 말들은 긍정적이고, 하(下)에 해당하는 말들은 부정적이지. 그런데 서울에 간다는 뜻으로 '상경'을, 시골이나 고향으로 내려간다는 뜻으로 '하향'을 쓰지. 그렇다면 서울은 좋은 쪽, 지방은 안 좋은 쪽인 걸까?

우리는 '서울에 올라간다'라고 말하지만, 지방 뒤에는 늘 '내려가다', '내려오다'가 따라오지. '오르다'는 아래쪽에서 위쪽으로 움직일 때 쓰잖아? 그런데 서울보다 남쪽에서 서울로 가는 것도 상경이고, 서울보다 북쪽에서 서울로 가는 것도 상경이야. 가령 남쪽인 부산에서든 북쪽인 양주에서든 서울로 가는 건 모두 상경이라 부르지. 동서남북 어디에서나 마찬가지야. 지리상 위치와 상관없이 서울은 저 높은 곳에 있는 셈이지.

서울로, 서울로!

한국 사회는 '소용돌이 사회'라는 별명이 있어. 모든 것이 서울로 휘몰아쳐 올라간다는 의미에서 그렇게 부르지. 서울은 마치 블랙홀처럼 왕성한 식욕으로 대한민국의 사람과 자원, 에너지를 모조리 빨아들이거든. 대한민국에서 중요한 것, 크고 좋은 것들은 모두 서울에 모여 있다고 볼 수 있어.

지방과 서울의 격차는 매우 큰 편이야. 서울을 중심으로 한 수도권의 면적은 국토의 12퍼센트에 불과하지만, 전체 인구의 절반이 수도권에 모여 살지. 서울에만 1000만 명 가까이 살고 있어. 수도권과 지방의 경제력 격차는 더욱 커. 수도권의 경제력이 월등히 높거든. 정부청사를 세종시로 이전하고 수도권에 몰려 있는 일부 공공기관도 지방으로 옮기고 있지만, 여전히 서울은 풍족하고 지방은 부족하지.

물론 지방에도 공장이 있고 기업이 있어. 그런데 중요한 결정은 대부분 서울에서 이루어지고 있어. 정치는 물론 교육, 문화, 언론, 의료 등 거의 모든 분야의 주요 기관들이 서울에 있으니까. 그러니 모두가 "서울로, 서울로!"를 외치는 거 아닐까? 교육기관, 대기업 본사, 좋은 일자리 등이 몰려 있잖아.

서울에 있느냐 그렇지 않느냐에 따라 대학 서열이 결정되지. 서울에 있는 대학들은 소위 '인서울'이라고 해서 우대받잖아. 물론 인서울 안에서도 서열이 나뉘지. 명문대는 명문대를 제외한 인서울 대학을 무시하고, 명문대가 아닌 인서울 대학은 지방대를 깔보기도 해. 그래서 생겨난 말이 '지잡대'야. 지방의 잡스러운 대학이란 뜻이지. 대부분의 지방대가 지방에 있다는 이유로 '듣보잡' 취급을 받곤 해.

지방대 차별에는 지방 무시가 깔려 있지만, 왜곡된 능력주의도 자리하고 있어. 대학 졸업장이 한 사람의 다양한 능력을 전부 증명해 주는 것도 아닌데 사회는 수능 성적이라는 한정된 능력만 인정하는 분위기야. 지독한 학벌주의 사회라고 할 수 있어. 학벌주의 사회에서 청년들이 느끼는 좌절감이 또 다른 약자인 지방대 출신에 대한 혐오로 이어지지. 극심한 서열 경쟁 속에서 우월감을 느끼려고 자기보다 열등하다고 여기는 대상을 공격하는 거야.

균형 발전이 답이다

중요한 것들이 서울에 모여 있는 탓에 벌어지는 문제가 한둘이 아니지. 적절한 의료서비스가 제공됐다면 '피할 수 있었던 사망률'을 보면 충북(10만 명당 58.5명)이 서울(44.6명)보다 31퍼센트나 더 높아. 세분화해 보면 경북 영양군(107.8명)이 서울 강남구(29.6명)의 364퍼센트 수준이야. 이렇게 큰 차이가 나는 이유가 뭘까? 지역별 의료 격차 때문이야. 전체 국토의 11.8퍼센트의 지역에 50퍼센트의 병원이 몰려 있거든.

응급 환자가 있어도 병원에 30분 내로 도착할 수 없는 취약 지역은 전체 지자체 가운데 5분의 2에 달해. 분만 시설이 적어 아이를 낳기 어려운 지역도 4분의 1 가까이 되지. 전국 71곳 지자체에는 아예 산부인과가 없어. 산모가 응급 시 분만이 가능한 병원에 도착하는 시간은 서울에서는 3분, 전라남도에서는 서울보다 14배나 긴 42분이야. 서울에서 멀어질수록, 시골에 거주할수록 제때 치료받지 못할 확률이 높아지지.

대한민국의 수도는 서울이지만, 서울이 곧 대한민국은 아니잖아? 대한민국 인구의 절반은 서울이 아닌 지방에 살거든. 지방에는 저마다의 특색을 지닌 다양한 지역이 있어. 서울이 중심이란 생각이 바뀌지 않는다면 서울 사람도, 지방 사람도 행복해지기 어려워. 서울은 과도한 집중 탓에 주택·교통·환경 등의 문제로, 지방은 지역 격차에 따른 낙후로 말이야. 서울과 지방이 골고루 잘살아야 모두가 행복할 수 있어.

자기가 사는 지역에 산부인과가 없어서 아이를 낳기 어려운 사회는 분명 정상이 아닐 거야. 아플 때 적절한 치료를 받는 것은 기본적 권리야. 서울에 살든 지방에 살든 기본적인 권리를 누릴 수 있어야 행복한 삶도 가능하겠지.

투명 인간들 생각해 볼까?

노숙자를 뜻하는 홈리스(homeless)는 머물 곳이 없는 이들이지. 세상에 거주할 장소가 없다는 건 단지 불편함의 문제가 아니야. 그것은 생존에 대한 위협이자 인간적인 삶에 대한 박탈이지. 사람들은 길에 나앉은 홈리스를 투명 인간 또는 그 자리에 있으면 안 되는 사람으로 취급하지. 그래서 생긴 게 노숙 방지용 벤치야. 홈리스들이 벤치에 누워 잠을 잘 수 없게 팔걸이를 만들어 버렸거든.

"인간은 생물학적 사실의 문제지만, 한 인간은 사회적 성원권을 얻어야 사람이 될 수 있다." 문화인류학자 김현경은 《사람, 장소, 환대》에서 사람이 된다는 것, 즉 한 사회에서 사람으로 인정받는다는 것을 자신의 자리와 장소를 가지는 것으로 봤어. 이를 '사회적 성원권'이라 부르지.

인간은 자연적으로 태어나서 사람이 되는 게 아니야. 사회 속에서 사람으로 인정받을 때 사람이 되지. 법적으로든 도덕적으로든 그 사회의 다른 사람들이 누리는 자리와 장소를 누리지 못한 채 배제당하는 이들이 소수자야. 홈리스, 장애인, 성소수자, 이주노동자 등이 그렇지.

4장

자유롭게 살아갈 권리

청소년에게는 민주주의 사회의 시민으로서 자유롭게 자신의 삶을
결정할 권리가 있어. 하지만 아직은 청소년이 자신의 의견을
제약 없이 표현하기 어려운 현실이야. 학교와 사회에서 당당하게
자신의 목소리를 내려면 어떻게 해야 할까?
우리가 가진 당연한 권리를 어떻게 실현해야 할지 생각해 보자.

옷이 자유다
- 신체의 자유

무엇을 상상하든 그 이상

추운 겨울이 되면 등교할 때 교복 위에 패딩 점퍼를 걸치지? 어떤 학교는 패딩 안에 교복 재킷을 꼭 입도록 하고 있어. 또, 여학생들이 치마 교복 안에 바지를 껴입을 때는 학교 체육복만 입어야 한다는 제한을 두기도 해. 아예 바지를 껴입지 못하게 하는 학교도 있어. 살을 에는 한겨울에도 치마만 입어야 하는 거야.

초등학생일 때는 파마나 염색 등이 자유롭지. 그러다 중·고등학생이 되면 허용되지 않아. 학교는 두발, 교복, 화장 등을 일일이 규제하지. 2018년 참교육을위한전국학부모회가 전국 200개 중·고등학교 생활규정을 조사한 결과를 공개했어. 머리카락 염색이나 탈색, 파마 등을 제한하는 학교는 88퍼센트(176곳)에 달했어. 화장이나 장신구 착용을 금지하거나 손톱 모양을 규제하는 학교는 82.5퍼센트(165곳)였지.

규제의 범위도 넓지만 그 내용도 세세하고 꼼꼼하지. 겉으로 드러나는 부분은 모두 다 규제 대상이라고 보면 돼. 이런 것까지 규제할 필요가 있을까 싶은 것들까지 규제하지. 이를 테면 양말·스타킹 등의 색깔, 여학생의 경우에 속옷이 블라우스에 비칠 수 있다는 이유로 속옷 색깔까지 규제해. 또, 머리 모양을 세세하게 정해 주지. 올림머리, 반묶음머리, 풀어헤친 머리 등은 안 되고, 귀밑 7센티미터가 넘어가면 한 갈래로 묶어야 한다는 식으로 말이야.

개성이냐, 학생다움이냐?

학교가 이렇게 신체를 단속하는 이유가 뭘까? 학생다움을 위해서라고 하겠지. 학생답다는 건 뭘까? 옷과 머리 모양을 똑같이 하면 학생은 정말 학생다워질까? 오히려 학교가 학생다움을 정해 놓고 학생들을 거기에 끼워 맞추고 있는 건 아닐까?

학교에서 교복을 입게 하는 이유가 뭘까? 교복을 입게 하면 학생들을 관리하기 편하기 때문일 거야. 옷과 머리가 똑같으면 조금만 다르게 꾸며도 금세 티가 날 테니까. 다른 학생들과 다르게 보이는 학생을 즉시 찾아낼 수도 있을 거야. 또, 일탈에 대한 감시도 용이하겠지. 늦은 밤에 학생이 교복을 입고 돌아다닌다면 쉽게 눈에 띄겠지? 이처럼 획일성은 원활한 관리와 통제에 유용해. 관리와 통제를 위해서 강요되는 '집단 정체성'이 학교에서 말하는 학생다움의 본질 아닐까?

내가 좋아하는 옷을 입거나 머리를 멋지게 꾸미는 건 나다운 개성을 표현하는 방법이야. 반면 전교생이 똑같은 교복을 입는 건 학생다움이라는 집단 정체성을 위해서지. 나다움과 학생다움 중에서 무엇이 우선일까? 복잡할 것도 어려울 것도 없는 질문이야. 나다움은 나의 본질이지만 학생다움은 학교를 졸업하면 벗어던질 '잠깐 입는 옷'에 불과하지.

집단의 통일성과 획일성을 중시하는 전체주의 사회라면 학생다움이 중요할 수 있어. 하지만 대한민국은 민주주의 사회고, 민주주의를 뒷받침하는 헌법은 '신체의 자유'를 보장하고 있지. 눈을 씻고 찾아봐도 헌법에는 '학생다움' 같은 표현은 없어. 옷이나 머리에 대한 규제는 헌법 정신에 어긋난다고 볼 수 있어.

제2차 세계대전 때 아우슈비츠 수감자들이 처음 겪은 폭력은 머리카락을 강제로 잘리는 일이었다고 해. 사람들의 몸에 함부로 손댐으로써 인격을 박탈하겠다는 상징적 조치였어. 신체는 한 사람의 존엄과 밀접히 관련되니까. 왜 하필 머리카락이었을까? 신체를 눈에 띄게 변형하면서도 손상을 입히지 않는 유일한 부위가 머리카락이야. 머리를 강제로 깎는 것은 신체를 통제하는, 직접적이고 효과적인 방법이지.

예전에는 두발을 규제한다며 교문에서 강제로 머리를 깎았어. 내 머리를 다른 사람이 함부로 깎다니, 말도 안 되지? 그런 말도 안 되는 일들이 십수 년 전까지 벌어졌어.

파마나 염색을 탈선으로 여기는 어른들도 있어. 그러나 머리를 꾸미는 일이 잘못된 행동은 아니잖아. 외모를 꾸미고 멋을 낸다고 타인에게 피해를 주는 것도 아니고, 범법 행위는 더더욱 아닐 테고. 과도한 규제는 과도한 두려움을 반영하지. 학교 질서가 무너질지도 모른다는 두려움 말이야. 과한 염려 아닐까? 학생인권조례가 제정될 때도, 교사의 체벌이 금지될 때도 많은 사람들이 우려를 표했지. 그러나 학교는 무너지지 않았어.

개성을 죽이는 교복

교복을 뜻하는 영어 단어 'school uniform'에서 'uniform' 은 라틴어의 우누스(unus, 하나)와 포르마(forma, 형태)의 합성어야. 쉽게 말해서 유니폼은 '하나의 동일한 틀'이라는 뜻이야. 하나의 동일한 틀에서 창의적인 결과물이 나오기는 어렵겠지? 피카소한테서 붓을 빼앗고 스탬프를 쥐여 준다고 상상해 봐. 똑같은 무늬만 찍어 낸다면 천하의 피카소도 창의적이기 어려울 거야.

환자복을 입으면 고분고분 말 잘 듣는 환자가 되고, 죄수복을 입으면 껄렁껄렁한 죄수가 되기 십상이야. 유니폼도 그 유니폼에 걸맞은 자세를 요구해. 통일된 행동과 획일적 질서, 이것부터가 창의성과 동떨어지지. 창의성은 획일성이 아니라 다양성에서 나오거든. 구글의 복장 규정이 무엇이냐는 질문에 에릭 슈미트 전 최고 경영자는 "뭐라도 걸치면 된다"고 답했어. '정장을 입지 않아도 진지하게 일할 수 있다'가 구글의 모토 중 하나거든. 구글처럼 창의성을 중시하는 기업들엔 까다로운 복장 규정이 없어.

'옷이 날개'라는 비유가 있어. 실제로 옷은 날개에 가깝지. 바로 창의성의 날개야. 사상가 토머스 칼라일은 《의상 철학》에서 "정신은 꾸미고 싶은 욕심에서부터 자라난다"고 했어. 자기를 꾸미고 싶은 마음에서 자신만의 생각이 싹튼다는 거야. 옷은 개성의 얼굴이지. 교복을 입으면 각자의 개성과 그로부터 생겨나는 다양성이 줄어들기 마련이야. 자유로운 복장은 자유로운 정신을 담아내고 다양성에 대한 욕망을 실어 나르지.

교복 착용은 단순히 복장의 통제를 넘어서 의식적이든 무의식적이든 어떤 선을 긋게 만들어. '내 옷이 단정한가?', '내 복장이 규정에 맞나?' 등을 끊임없이 점검하고 확인하게 하거든. 즉 스스로를 감시하게 되는 거야. 감시의 시선을 내면화할

수록 옷 너머의 것들에 순응하게 되지. 명령이나 규칙을 순순히 따르고 그에 맞춰 자신의 말과 행동을 억누르게 돼. 이런 태도가 생각과 상상의 제약으로 이어지는 건 어찌 보면 자연스럽지.

"우린 사고를 통제하는 그런 교육은 원하지 않아요." 영국 록그룹 핑크 플로이드는 〈벽 속의 또 다른 벽돌(Another Brick In The Wall, part 2)〉이라는 곡에서 그렇게 노래했어. 뮤직비디오에는 교복을 입고 기계(학교를 상징해)로 걸어 들어가는 학생들이 나오지. 그런데 그 기계에서 나오는 학생들의 얼굴이 똑같은 모습이야. 하나같이 눈, 코, 입이 없거든. 개성과 자기 생각을 잃어버린 사람들을 상징하지.

사람을 사람답게 하는 자유

모든 사람은 자유로운 존재로 태어났고, 똑같은 존엄과 권리를 가진다.

세계인권선언문 제1조는 이렇게 선언하고 있어. 자기 뜻대로 자신의 삶을 계획하고 살아가려면 자유가 필요해. 자유로

울 때 사람은 사람답게 살 수 있어. 자유가 없는 사회는 죽은 사회와 다르지 않아. 옷이나 머리 모양에 대한 자유조차 허용되지 않는 상황에서 다른 자유가 보장되길 기대할 수 있을까? '신체의 자유'는 자유의 기본이야.

서울의 한 고등학교는 반바지와 후드티를 교복으로 정했어. 후드티는 회색과 청색, 집업과 티셔츠 형태, 기모 안감 여부까지 총 여덟 가지 조합에서 자기 마음대로 선택 가능해. 교복이 자유로워지니 옷차림을 지적하는 빈도가 줄었고, '치마를 줄였네 마네' 같은 소모적인 갈등도 사라졌다고 해. 모든 학교가 당장 교복을 없애기 어렵다면 최소한 이런 대안이라도 고려해야 하지 않을까?

※ QR코드를 찍으면 핑크 플로이드의 뮤직 비디오를 볼 수 있어. 이 뮤직 비디오는 획일화를 강조하는 교육 제도가 다양한 무늬와 색깔을 지닌 학생들을 개성 없는 똑같은 얼굴로 찍어 낸다는 점을 비판해.

학교에서 말할 권리
- 표현의 자유

2017년, 강원도의 한 중학교에서 벌어진 일이야. 학교 측이 절차를 건너뛰고 학생들의 의견을 듣지 않은 채 두발 규정을 바꾸자 학생회장이 교내에 비판 대자보를 게시해 문제를 제기했어. 학교는 대자보를 떼도록 했고, 게시를 원하면 학생자치회 담당 선생님에게 허가를 받으라고 했지. 그래서 학생회장이 정식으로 허가를 요청하자 학교는 준법성 약화, 생활규정에 대한 불신 등 비교육적 영향이 우려된다며 게시를 불허했어.

이에 반발한 학생은 대자보를 다시 붙였고 학교 측이 강제로 떼어 버렸지. 학생은 국가인권위원회에 진정서를 제출했어. 인권위는 2018년, 학교의 조치가 표현의 자유를 침해했다며 학생 손을 들어줬지. 인권위는 "학생이 학교 안에 게시물을 게시하는 것은 표현의 자유 행사이며 이를 불허하는 것은 학생의 기본권에 대한 제한"이라고 지적했어. 이 사례처럼 많은 학교에서 대자보로 의견을 표명하기 어렵지. 먼저 학교의 허락을 받아야 하는데, 쉽사리 허락이 떨어지지 않으니까.

교실 게시판도 마찬가지 아닐까? 여기도 학생이 손댈 수 없는 금지 구역이야. 담임 선생님의 허락이나 동의를 구하지 않고 게시물을 자유롭게 걸기는 어렵거든. 설사 학생들의 흔적이 담긴 게시물이 걸리더라도, 그건 대부분 선생님이 고른 것이잖아. 교실 게시판도 학생들이 자발적으로 참여해 꾸밀 수 있는 주체적 공간은 아니야. 학교에는 학생이 자신의 의견을 표명할 수 있는 공식적인 공간이 필요한데, 아직은 그런 공간이 없는 게 현실이야.

기본 중의 기본, 표현의 자유

'표현의 자유'란 말 그대로 자신의 의견이나 생각 등을 아무런 억압 없이 겉으로 드러내 표현하는 자유로서, 민주주의의 기본권이야. 의견과 생각을 표현하고 타인과 소통하는 것은 자유롭고 개방된 사회에서 매우 중요해.

모든 사람은 의견과 표현의 자유를 누릴 권리를 가진다.

세계인권선언 제19조야. 주어를 잘 봐. '성인'이 아니라 '모든 사람'이야. 어린이든 청소년이든 누구나 그렇다는 거지. 표현의 자유를 강조한 프랑스의 사상가 볼테르는 "나는 당신의 의견에 동의하지 않는다. 그러나 그렇게 말할 수 있는 당신의 권리를 위하여 끝까지 싸울 것이다"라고 했어. 자기 의견을 말할 자유가 그만큼 소중하다는 뜻일 테지.

만약 내 신체의 자유가 침해당했을 때 어떻게 해야 할까? 항의해야겠지. 항의의 수단이 바로 '말'이야. 표현의 자유는 그 자체로 중요한 기본권이지만, 다른 기본권을 보호하는 역할을 하기도 해. 말조차 자유롭게 하지 못한다면 다른 기본권도 보장받기 어려울 테니까.

이렇게 중요한 '표현의 자유'를 학교에서는 간략하게 가르치지. 수업의 강조점도 자유보다 책임에 두고 있어. 자유를 충분히, 실질적으로 보장하지 않으면서 책임만 강조하는 게 맞을까?

자유는 없고 의무만 있는 존재가 있지. 바로 노예야. "허락받기 전까지 아무 말도 하지 말 것!" 영화 〈앤터벨룸〉에서 노예로 붙잡혀 온 흑인들에게 주어지는 첫 번째 규칙이야. 노예는 발언권을 얻어야 말할 수 있었어. 신체의 자유도, 말할 자유도 없으면서 일할 의무만 있었지. 너희도 왠지 비슷한 것 같지 않아? 신체의 자유도, 말할 자유도 없으면서 공부할 의무만 강요받는다는 점에서 말이야.

2020년 3월, 촛불청소년인권법제정연대가 중·고등학교

533곳을 조사한 결과에 따르면, '불온문서를 은닉, 탐독, 제작, 게시 또는 유포한 학생'을 처벌하는 규칙은 중학교의 66.8 퍼센트, 고등학교의 70.5퍼센트에서 발견됐어. '사상이 불온한 학생'을 징계 대상으로 명시한 학교도 여럿 있었어. '불온'은 군사 독재 시대에 주로 쓰던 표현이야. 국어사전에서 '불온'을 찾아보면 '사상이나 태도 따위가 통치 권력이나 체제에 순응하지 않고 맞서는 성질이 있음'이라고 나와 있어. 가령 정권이나 자본주의 체제를 비판하면 불온이 되겠지. 아니면 학교의 문제를 고발하는 내용이 될 수도 있고. 그런 내용을 만들거나 게시하면 처벌하겠다는 거야.

"학생은 비판적인 생각을 하거나 이를 표현해선 안 된다!" 낡은 학칙들은 그렇게 말하고 있는 것 같아. 그런데, 정말 어른들 말대로 다른 생각 하지 않고 공부만 열심히 하면 될까? 2019년 세계경제포럼 국가경쟁력 평가에서 한국은 141개국 중 13위였어. 하지만 교육 분야 중 비판적 사고 교육은 82위에 불과했지. 비판적 사고는 우리가 살아가는 데 있어 아주 중요한 능력이야. 잘못된 것을 바로잡고 더 나은 방법을 찾는 도구거든. 자유롭게 말할 수 있어야 자유로운 비판도 가능할 텐데, 이제는 학교가 변해야 하지 않을까?

Speak yourself

자기 권리가 침해당할 때, 적어도 자유롭게 목소리를 낼 수 있어야 하지 않을까? 자유를 누리려면 맞서 싸울 필요가 있어. 누구나 싸움이 두렵고 피하고 싶은 건 마찬가지야. 그러나 싸우지 않으면 자유를 누릴 수 없지. 자유는 거저 주어지는 법이 없거든. "Freedom is not free(자유는 공짜가 아니다)." 워싱턴 D.C. 한국전 참전 기념비에 적혀 있는 말이야. 눈앞에 문제가 보인다면 바로 따지고 항의해야 해. 가만히, 조용히 있어선 아무것도 바뀌지 않을 테니까. 그곳이 어디든 자유롭게 네가 하고 싶은 말을 할 필요가 있어.

학교는 토론의 장이 되어야 해. 수업 시간에 이뤄지는 토론은 물론이고, 학교 현안을 두고 학생과 학교가 치열하게 논쟁하는 그런 토론 말이야. 그래야만 자신의 삶과 관련된 중요한 문제들을 스스로 결정하고 책임질 수 있을 테니까. 어른들은 학생들이 교칙을 지키지 않는다고 나무라지만, 정작 책임질 기회는 잘 주지 않지. 학생들이 스스로 교칙을 만들고 바꿀 수 있다면, 더 책임감을 갖고 교칙을 지키지 않을까? 마음에서 우러나오는 진짜 책임감으로 말이야.

청소년도 시민이다
- 학교 밖 정치 참여

정치에도 나이가 필요해?

영상물 등급에 '19금'이라는 게 있잖아? 만 19세 미만은 시청할 수 없을 때 쓰는 말이지. 정치에도 이른바 '19금'이 있었어. 만 19세 미만은 투표권이 없어서 투표를 못 했거든. 경제협력개발기구 36개 회원국 가운데 한국만 선거 연령이 만 19세인 유일한 나라였어.

2019년 12월 27일, '정치 19금'이 와르르 무너졌어. 선거 연령을 만 18세로 낮추는 공직선거법이 통과됐거든. 반세기 동안 이어져 온 청소년 참정권 운동의 성과였어. 동시에 선거 연령이 80년 만에 제자리를 찾았지. 1941년 11월 대한민국 임시정부가 마련한 대한민국 건국강령에는 "보통선거에는 만 18세 이상 남녀로 선거권을 행사하되"라는 내용이 들어 있었거든.

법 개정으로 참정권은 만 18세로 낮아졌지만, 학교는 크게 달라지지 않았어. 청소년의 정치 활동을 금지하는 규정들이 남아 있거든. '정치 관여 행위, 학생 신분에 어긋나는 행위를 한 학생은 특별교육이수·출석정지·퇴학 대상이다.' 경상북도 어느 중학교의 징계 조항이야. 촛불청소년인권법제정연대가 전국 중·고등학교의 10퍼센트인 533개 학교를 대상으로 학교 규칙을 조사했는데, 중학교와 고등학교의 절반 이상(54.8퍼센트)이 정치 활동을 금지하는 규칙을 두고 있었어.

교과서 밖 민주주의

정치는 왠지 어려운 것 같다고? 어른들만 관심 가지는 분야인 것 같다고? 그런데 저녁 뉴스의 첫머리를 장식하는 주인공은 늘 정치야. 태풍, 지진 같은 자연재해나 대형 산불 같은 큰 사건, 사고가 없는 날에는 정치 소식이 늘 제일 먼저 나오지. 따분하고 재미없는 정치가 왜 뉴스의 앞자리를 차지하는 걸까?

미국의 정치학자 데이비드 이스턴은 정치는 '가치의 권위적 배분'이라고 했어. 돈·권력·명예 등은 누구나 갖고 싶어 하는 자원이야. 이런 걸 사회적 가치라고 부르지. 정치는 국가가 이런 사회적 가치를 배분하는 일이야. 공정한 기준에 따라 두루두루, 그리고 모두가 수긍하도록 자원을 배분하는 거지.

정치는 우리 삶과 무관하지 않아. 사회 전체의 중요한 문제들을 결정하는 일이 정치야. 다들 셧다운제는 알고 있지? 16세 미만 청소년이 심야 시간에 인터넷 게임을 못 하게 하는 제도야. 이런 법을 누가 만들까? 청소년이? 선생님이? 게임회사 대표가? 다 아니야. 바로 시민이 뽑은 대표인 국회의원이 법을 만들어. 국회를 '입법(立法) 기관'이라고 부르는데, 법을 만드는 곳이라는 뜻이야. 시민들이 뽑은 대표자들이 만든 법과 제도, 정책 등이 우리의 매일매일에 영향을 미치는 거야.

정치가 이렇게 중요한데, 청소년은 정치에 참여하지 못하지. 교과서로 정치에 대해서 배우지만 실질적인 정치 참여는 아직 보장되지 않았거든. 대통령에 따라, 국회가 만든 법에 따라 교육 정책과 입시 제도가 바뀌고, 지역 교육감에 따라 교육 환경이 달라지지. 그런데 정작 그런 대표를 뽑는 일에 청소년의 의사는 반영되지 않고 있어.

어떤 어른들은 청소년이 쉽게 선동된다며 '정치 금지'를 정당화해. 하지만 뭐든지 경험을 해 봐야 잘할 수 있지 않을까? 충분한 기회와 책임이 보장될 때 청소년도 스스로 올바른 판단과 결정을 할 수 있겠지. 누구나 정치를 얘기할 수 있고 정치에 참여할 수 있다면 분별력과 판단력을 자연스럽게 키울 수 있지 않을까?

아동권리학자 로저 하트는 갓난아이도 울음으로 사회 참여를 시작한다고 했어. 아기는 무언가 불편하거나 불만족스러울 때 울음을 터트리잖아. 울음으로 상대방에게 자기 뜻을 전달

해서 본인을 위한 행동을 하게 만드는 거지. 비록 투표권에는 연령 제한이 있지만, 정치 참여에는 연령 제한이 없어. 사회 구성원 누구나 정치에 참여할 수 있고 참여해야 해. 국가 공동체가 사회 구성원의 것이라면 주인이 참여하는 게 마땅하겠지.

대한민국은 민주공화국이다. 대한민국의 주권은 국민에게 있고, 모든 권력은 국민으로부터 나온다.

헌법 제1조는 이렇게 선언하고 있어. 제일 앞에 오는 만큼, 상징성이 있는 조항일 거야. 모든 권력이 국민으로부터 나온다는 말이 무슨 뜻일까? 국민이 국가의 주인이라는 거지. 민주주의(民主主義)라는 말도 국민(國民)이 국가의 주인(主人)이라는 뜻이야.

시민이 지배하는 국가가 바로 민주공화국이지. 공화국은 군주국(왕이 세습하며 다스리는 국가)과 반대되는 개념이야. 즉, 국민이 뽑은 대표자가 국민의 뜻에 따라 국민을 대신해 국민의 권리와 이익을 위해 운영하는 국가를 민주공화국이라고 해. 그런데 국가 권력이 나오는 주체가 '성인'이 아니야. 그저 '국민'이지. 어린이나 청소년 또한 대한민국의 국민이고 말이야.

만 18세가 돼서 참정권을 갖게 된다고 성숙한 민주 시민이

짠, 하고 되지는 않겠지? 성숙한 민주 시민을 기르는 곳이 학교가 되어야 하겠지. 민주주의에 대한 지식을 아무리 공부한들 교실에서 민주적 관계를 직접 경험하는 것보다 나을 수 있겠어? 교육학자 존 듀이는 "1그램의 경험이 1톤의 이론보다 낫다"고 했지. 시험을 치려고 배운 민주주의보다는 직접 경험하는 민주주의가 성숙한 민주 시민이 되는 데 더 도움이 될 거야.

정치판은 더럽다고 냉소하는 어른들도 있어. 그렇다고 무관심한 채로 내버려 두면 상황은 더 나빠지지 않을까? 정치의 수준은 그 사회의 시민의식을 반영해. 성숙한 시민의식은 성숙한 민주주의를 낳고 미숙한 시민의식은 미숙한 민주주의를 낳지. 민주적인 사회를 위해 모두가 노력하고 목소리를 높이면 훨씬 더 나은 사회가 될 거야.

정치는 우리 모두의 것

2020년 4월 15일 치러진 제21대 국회의원 선거부터 만 18세 청소년들이 투표권을 행사했어. 학교가 학생들의 정치 참여에 소극적이고, 때로는 적대적일지라도 사회는 변하고 있어. 하지만 넘어야 할 산도 많아. 먼저 앞서 지적한 청소년의 정치 활동을 규제하는 학교 규정을 없애야겠지. 또, 교육 주체인 청소년이 교육감을 직접 뽑을 수 있도록 적어도 교육감 선거만이라도 선거 연령을 더 낮춰야 한다는 의견도 있어.

어린이, 청소년은 우리나라 전체 인구의 20퍼센트를 차지하고 있어. 앞으로 이 나라에서 가장 오래 살아갈 이들이기도 해. 그렇다면 청소년들도 사회의 중요한 결정을 내릴 때 함께 해야겠지. 아주 어린 사람들은 투표를 하지 못하더라도 정치적 의사 표현은 할 수 있어야 해. 집회나 시위 등에 참여할 수도 있어야 하고.

3·1운동 때 맨 앞에 선 이들은 10대였어. 유관순 열사를 '유관순 누나'●라고 부르잖아. 열일곱 살 소녀였으니까. 또 3·1운동 이후 가장 큰 항일운동 가운데 하나로 평가되는 광주 학생독립운동 역시 일본의 식민지 교육에 맞서 중·고등학생이 '동맹 휴학'이라는 집단행동에 나서면서 시작됐어. 4·19혁명도 마찬가지야. 10대 학생들이 혁명의 주인공이 되어 거리에서 앞장섰지.

● 사실 '누나'는 남성 중심적인 표현이야. 유관순은 누나이기도 하지만 언니이기도 하지. 요즘은 듣는 사람이 여자든 남자든 관계없는, 성 중립적인 표현인 '열사'를 많이 사용해.

2019년 시사주간지 《타임》은 열여섯 살 소녀 그레타 툰베리를 올해의 인물로 선정했어. 표지에는 '청소년 파워(youth power)'라는 제목을 달았지. 툰베리는 기후변화 문제를 국제적인 의제로 만드는 데 크게 기여한 환경 운동가야. 툰베리가 앞장서고, 전 세계 청소년들이 함께하면서 거둔 결실이었지. 청소년은 정치에 참여하기에는 미성숙하다는 편견을 산산조각낸 사건이야. 한국의 숨은 툰베리들도 어른들의 영역이라 여겨졌던 문제에 자기 목소리를 낼 수 있으면 좋겠어.

교실 속 민주주의
– 학교 안 정치 참여

결사 자유를 결사 반대

18세기 말 영국에는 '단결 금지법'이란 게 있었어. 노동자들의 집회와 결사의 자유를 탄압하기 위해 만들어진 법이었지. 결사(結社)의 자유란 여러 사람이 모여 단체를 만드는 자유야. 당시에는 단결 금지법에 따라 노동자 두 명이 술집에서 모이는 것조차 금지했어. 소설 같은 얘기지만, 실제 있었던 일이야. 그런데 이런 일이 21세기 대한민국의 학교에서도 벌어지고 있다는 것, 알고 있니?

일부 고등학교는 학칙을 통해 '집단행동'을 규제하고 있어. '불법집회 또는 불법동아리 활동을 한 학생', '선동하거나 질서를 문란하게 한 학생', '동맹휴학을 주동하거나 동참한 학생' 등에 대해 퇴학 처분까지 내릴 수 있는 학칙을 두고 있어. 여전히 많은 학교들이 학생의 정치·사회단체 가입을 금지하고 표현의 자유를 제한하는 교칙을 두지. 촛불 집회에 참여하거나, 스쿨 미투 등 학내 문제를 외부에 알린 학생이 학교로부터 압력과 위협을 받기도 했어.

"교육은 (…) 자주적 생활능력과 민주 시민으로서 필요한 자질을 갖추게 함으로써 인간다운 삶을 영위하게 하고 민주 국가의 발전과 인류 공영의 이상을 실현하는 데에 이바지하게 함을 목적으로 한다."

교육기본법 제2조(교육이념)의 내용이야. 특히 '민주 시민의 자질'을 갖추게 한다는 부분이 눈에 띄지. 문제는 학교 현장이 이를 얼마나 잘 구현하고 있느냐일 거야.

아동의 결사의 자유와 평화적 집회의 자유에 대한 권리를 인정한다.

유엔아동권리협약 제15조는 이렇게 선언하지. 유엔 아동권리위원회는 2011년, 아동 권리에 대한 보고서를 통해 우리 정부에 "학교들이 여전히 학생들의 정치 활동을 금지하는 것에 유감을 표한다"면서 "학교 안팎에서 결사와 표현의 자유에 대한 권리를 모든 아동이 완전히 향유할 수 있도록 법률과 교과부의 지침, 학교 교칙을 수정하라"고 촉구했어.

그러나 우리 정부와 학교는 꿈쩍도 안 했어. 경기도가 학생인권조례를 만드는 과정에서 가장 반대가 심했던 항목이 뭔 줄 알아? 바로 학생들의 '집회의 자유'였어. 집회의 자유를 보장하면 학교가 심각한 혼란에 빠질 수 있다는 이유였지. 결국 경기도 학생인권조례는 집회의 자유를 삭제한 채 통과되었어. 그런데 집회의 자유조차 없다면 다른 자유는 온전히 보장될까? 학생들이 학교 생활과 직결된 중요한 결정에 참여하는 일은 더더욱 어렵겠지.

집회의 자유나 결사의 자유를 어렵게 생각할 필요는 없어. 학교에서 부당한 일을 당했다고 해 봐. 개인적으로 항의했는데, 전혀 받아들여지지 않는다면 어떻게 해야 할까? 비슷한 문제의식을 공유한 학생들끼리 의견을 나누고 힘을 모아야겠지. 그리고 함께 목소리를 내야 하지 않을까? 그렇게 모여서 목소리를 내면 집회가 되고, 일정한 무리를 이루면 결사가 되는 거야.

학교 안에도 정치가 있어. 정치라고 하면 으레 정치인들이 하는 거창한 무언가를 떠올리지만, 그런 정치만 있는 건 아니야. "담임 선생님은 우리 학급을 민주적으로 운영한다"고 말할 때 '민주적'이라는 단어는 어떤 뜻일까? 학급의 중요한 결정을 할 때 학급 구성원인 학생들의 의견을 잘 듣고, 최대한 학생들 스스로 결정하도록 하는 거야. 교실 안의 민주주의라고 할 수 있지. 그렇게 집단 안에서 의사를 표현하고 중요한 결정에 참여하는 게 바로 정치야.

교실 안이든, 학교 안이든 의사 결정은 늘 있어. 청소년이 정치적 존재가 돼야 하는 이유지. 학교의 주인은 누구일까? 학교가 어떤 곳인지 생각해 보면 알 수 있어. 학교는 가르치고 배우는 곳이야. 그렇다면 국가나 학교 이사장, 교장·교감 선생님이 아닌 학생과 선생님이 주인이겠지.

학교 안 민주주의를 위해

주인이 의사 결정 과정에 참여하는 게 민주주의인데, 현실은 청소년의 학내 정치 참여를 제대로 보장하지 않고 있어. 비민주적인 환경에서 민주 시민을 길러낼 수 있을까? 그럴 수 없겠지.

먼저 교육 내용이 바뀔 필요가 있어. 수업 시간에 청소년의 참정권, 정치 참여 등을 폭넓게 다루고 청소년의 참여로 사회를 바꾼 사례를 가르칠 수 있겠지. 교육 방식도 바꿔야 해. 수직적인 주입식 수업을 줄이고 수평적인 토론·토의식 수업을 늘려야겠지.

가장 중요한 건 학교 문화의 변화 아닐까? 중요한 문제를 결정할 때 학생 참여를 보장해야 해. 교칙을 변경하는 일이 대표적이지. 투표권을 인정하지 않는 민주주의는 민주주의가 아니듯이 교칙 변경에 참여할 수 없는 학생 자치는 자치 활동이 아니야. 우리는 자기 삶과 직결된 문제를 스스로 판단하고 결정할 수 있어야 해. 학생의 의견을 존중하는 것을 선택이 아니라 의무로 만들 필요가 있어. 존중하느냐 마느냐의 문제가 아니라 무조건 존중하도록 말이야.

우리가 경험해 본 적이 없어서 낯설 뿐이지, 민주 사회에서 학생 자치, 학교 민주주의는 이상한 것도 급진적인 것도 아니야. 학교 역시 사회에 속해 있는데, 학교라고 민주주의의 예외일 수 없을 테니까 말이야. 교실에서 민주주의를 가르쳐야 성숙한 민주 사회가 가능할 거야.

‖ '비정치적'이라는 거짓말 ‖

학내 민주주의를 주장하면 '정치적'이라는 딱지를 붙이곤 하지. 학교는 본래 비정치적 공간이고 앞으로도 그래야 한다는 듯이 말이야. 그런데, 학교는 정말 비정치적일까?

학교가 비정치적이라고 믿는 사람들은 이렇게 생각하기도 해. 경제 시간에 '성장'을 가르치면 비정치적이지만 '분배'를 주장하면 정치적이고, 기업을 칭찬하는 건 건전하지만 노조를 옹호하는 건 편향적이라고 말이야. 또, 성차별과 성소수자의 인권에 둔감하면 비정치적이지만 차별과 인권에 민감해서 이를 문제 삼으면 정치적이고, 어른들이 중요한 결정을 내리는 의사 결정 구조는 자연스럽지만 학생들이 참여를 요구하는 건 건방지다고.

그런데 분배보다 성장, 노조보다 기업, 성평등보다 성차별, 민주보다 비민주 등에 치우친 태도 역시 지극히 정치적이야. 정치의 '정' 자도 꺼내지 않았지만, 거기에는 정치적으로 보수적인 세계관이 담겨 있거든. 학교에는 정치가 없는 게 아니야. 학교는 이미 그 자체로 정치적인 공간이야. 교과 시수와 내용을 결정하는 일도, 혐오와 차별과 폭력이 없는 학교를 만드는 일도 정치의 영역에 속하거든.

학교가 비정치적 공간이라는 믿음은 '학생은 정치적이면 안 된다'는 주장으로 이어지지. 권력을 독점하고 싶어하는 사람은 민주주의를 싫어해. 학생들이 정치에 관심이 없기를 바라는 어른들의 마음도 비슷하지 않을까? 민주주의가 없는 학교는 평등한 자치의 공간이 아니야. 자기 삶과 관련된 중요한 결정에 참여할 수 없다면 다른 사람이 시키는 대로만 살게 될 거야.

과연 '정치적이지 않은' 청소년이 학교 안과 밖에서 자기 삶과 관련된 중요한 결정에 참여할 수 있을까? 형식적으로 말고 실질적으로 말이야. 학교 안의 민주주의를 실현하기 위해서 더 목소리를 내야 해.

노는 만큼 행복하다
- 행복추구권

건축가 유현준은《어디서 살 것인가》에서 자기가 사는 아파트 단지에 놀이터가 없어진 일을 쓸쓸하게 얘기했지. 놀이터에서 노는 아이들이 사라지자 아파트 자치회에서 놀이터를 없애고 그 자리에 장터를 만들어 버렸거든. 요즘은 학교가 끝나도 학원에 가야 하니까 놀이터에서 노는 아이들을 볼 수 없어. 애초에 놀 시간이 없다 보니 아이들은 나와 놀지 못하는 거야. 건축가는 아이들이 놀이터에 갈 시간도 빼앗기고 그들만의 공간도 빼앗겼다고 안타까워했어.

학교 밖이 이러한데 학교 안은 오죽하겠어? 울산의 한 고등학교는 3학년의 경우 점심시간에 운동과 독서를 금지하고 있어. 도서관 대출 목록을 뒤져 책을 대출한 3학년을 찾아내서 기합을 줬다고도 해. 김해의 한 고등학교에서는 3학년은 공놀이를 못 하게 해. 공놀이를 하다 걸리면 공을 압수하고 벌점을 부여한다고 해. 치열한 입시 경쟁 속에서 공부 이외의 활동은 금지되고 있는 거야.

10분의 쉬는 시간에도 '쉼'은 없어. 화장실을 다녀오고 다음 수업 준비를 하다 보면 금세 수업 종이 울리잖아. 건물 밖에 나가서 잠시라도 바람을 쐬거나 쉴 수도 없지. 짧은 쉬는 시간 탓에 잠깐이라도 건물을 벗어나는 게 쉽지 않아. 어쩔 수 없이 하루 종일 답답한 교실에 머물러야 하는 거야.

쉴 새 없는 학습 노동

교육이 아닌 입시만 남은 현실이야. 학교는 입시 전쟁터가 된 듯해. 학원은 입시 전쟁의 전초기지쯤 된 것 같고. 청소년들의 하루는 학교와 학원과 집을 쳇바퀴처럼 도는 생활이 거의 전부야. 가능한 한 놀지도 말고 쉬지도 말고 잠도 줄이는 고행이 공부의 대명사가 된 듯해. 학교를 벗어나도 마찬가지야. PC방, 노래방 등을 빼면 마땅한 놀이 공간도 없지. 놀 시간도 놀 친구도 놀 공간도 없어.

우리가 공부하는 이유는 무엇일까? 좋은 성적 받고 좋은 대학 가고 좋은 직장 구하고… 그런 게 전부일까? 스스로 생각하고 판단하는 힘을 길러서 주체적으로 살며 꿈을 펼치도록 하는 것이 교육의 본질 아닐까?

"한국의 공교육 제도의 최종 목표는 오직 명문대 입학으로 보인다. 경쟁만이 목표인 것 같다." 2019년 9월, 유엔 아동권리위원회가 대한민국이 유엔아동권리협약을 얼마나 잘 이행하고 있는가를 심의하면서 한 말이야.

　노동자는 한 주에 40시간으로 정해진 법정 노동 시간만큼 일하도록 되어 있어. 그런데 너희는 그보다 더 오랜 시간 공부하지 않니? 공부 시간이 길어지면 그만큼 잠자는 시간, 놀고 쉬는 시간은 줄어들지. 초록우산어린이재단에 따르면 평일의 휴식 시간은 초등학생, 중학생, 고등학생 각각 48분, 49분, 50분에 불과했어. 학년을 가리지 않고 휴식 시간이 부족하지? 대부분의 학생들이 적게 쉬고 더 많이 공부해. '학습 노동'이라고 불릴 만큼 공부에 시달리고 있어.

　학습 노동은 불안, 초조, 스트레스 등 정서적 문제를 낳기도 해. 급기야 어떤 학생들은 휴식 시간이 주어져도 잘 쉬지 못하지. 쉴 시간이 주어지면 오히려 불안 증세를 보이기도 해. "학원에 빠지면 심장이 두근거려요.", "엄마가 쉬라고 하는데도 계속 공부를 해야 할 것 같아요." 조금만 쉬거나 놀아도 낙오자가 될지 모른다는 두려움이 학생들을 옥죄는 거야. 공부 강박이지. 삶의 균형추가 공부로 기운 탓에 시간이 주어져도 제대로 누리지 못하는 거야.

　쉬지 않고 공부만 한다고 공부를 더 잘하게 될까? 공부를 잘하기 위해서라도 더 놀고 쉬어야 해. 놀이와 휴식은 기억력과 집중력을 높여 주거든. "재미있게 노는 것이 가장 중요하다." 스웨덴의 수도 스톡홀름에서 인기가 높은 초등학교의 입학 기준이야. 그래서 이 학교는 재미있게 노는 아이를 선발한대. 큰 강당에 아이들을 모아 놓고, 아이가 얼마나 잘 노는지 확인하는 입학시험을 치른다고 해.

놀이는 창의성의 원천이야. 아이들은 집중적인 학습이 아니라 다양한 놀이를 통해 여러 능력을 기를 수 있어. 놀이는 감성, 지능, 소통 능력, 대인관계, 신체 조절 능력, 사물에 대한 이해력 등을 두루 발달시키거든. 그렇기 때문에 학교는 더더욱 '노는 곳'이 되어야 해.

잘 노는 게 잘 사는 길

공부만 많이 하고 자지도 쉬지도 못한다면 당연히 행복하기 어려울 거야. 반대로 휴식과 놀이 시간을 충분히 가지면 그렇지 않은 경우보다 행복감이 더 높다고 해. 슬프게도 한국 청소년의 행복도는 낮은 편이야. 2019년 발표된 국제학업성취도평가에 따르면, 한국의 아동 청소년 행복도는 71개국 중 65위였지. 긴 학습 시간과 짧은 휴식·놀이 시간이 행복을 가로막고 있어.

헌법 제10조는 "모든 국민은 행복을 추구할 권리를 가진다"
고 규정하고 있어. 지금 행복하다고 느끼는 사람이든, 별로 행
복하지 않다고 느끼는 사람이든 공통점은 누구나 행복하기를
원한다는 사실이야. 그렇다면 삶은 행복을 추구하는 과정이
아닐까? 행복하게 살려면 어떻게 해야 할까? 놀고 쉰다고 무
조건 행복한 건 아니겠지만, 놀이와 쉼 없이 행복하기는 어렵
겠지. 삶에서 행복을 찾는다면 공부가 아니라 놀이와 휴식을
우선순위에 두어야 하지 않을까?

풍 쉬고 잘 놀아야 다시 공부할 힘이 생기고 새로운 생각이
샘솟지. 그러나 공부 효율이나 창의성 때문이 아니더라도 어
린이와 청소년에게 쉴 권리, 놀 권리를 보장해야 해. 누구나
마음껏 쉬고 놀 권리가 있어. "모든 어린이(만 18세 미만)는 충
분히 쉬고 놀 권리가 있다." 유엔아동권리협약 제31조의 내용
이야.

노동 시간에 제한을 두듯이 학습 시간에도 제한을 두면 어
떨까? 독일의 중등교육기관인 김나지움(Gymnasium, 중학교
저학년 과정) 학생들은 점심시간 없이 1시 30분쯤에 하교한다
고 해. 심지어 집에서 하는 숙제 시간의 상한선까지 주(州) 교
육법이나 규정으로 정해두고 있어. 고학년이라도 최대 75분
을 넘지 못하지.

서울의 한 초등학교는 일과 중 30분 중간 놀이 시간을 운영 중이야. 2011년 개교 이래 줄곧 운영하고 있대. 중·고등학교 도 이렇게 수업과 수업 중간에 쉬는 시간을 도입하면 좋지 않 을까? 하지만 쉬는 시간이 주어져도 그 시간에 쉴 수 없다면 소용없겠지. 과도한 입시 경쟁을 완화하지 않고서는 시간이 주어져도 충분히 쉬거나 놀기 어려울 거야.

권리와 의무는 짝일까? 생각해 볼까?

당연한 권리를 요구하는데, 의무를 따지는 사람들이 있어. 청소년이 참정권을 요구하면 미성년자는 납세 의무를 다하지 않는다는 둥, 성평등을 이야기하면 여성이 병역 의무를 다하지 않는다는 둥….

국민의 4대 의무로 교육, 국방, 근로, 납세를 이야기하는데, 네 가지 의무를 다 이행하면 진짜 국민이고 그렇지 않으면 2등 국민, 3등 국민일까? 그렇다면 교육을 받고 군대를 다녀온, 일해서 세금을 내는 남성만이 진짜 국민이겠네?

권리와 관련해서 많은 사람들이 오해하는 게 있어. 먼저 의무를 다해야 권리를 보장받을 수 있다고 생각하는 거야. 하지만 그렇지 않아. 2007년 헌법재판소는 '재외국민 선거권 제한'에 헌법 불합치 결정을 내렸어. 그전까지 재외국민은 납세 의무 등이 없다는 이유로 선거권에 제한을 받았지. 하지만 헌법재판소는 납세나 국방의 의무를 이행해야 국민의 기본권 행사가 가능한 것이 아니라며 재외국민 선거권에 손을 들어줬어. 권리는 의무와는 별개로 모두에게 평등히 주어져야 하는 것이니까.

네 안의 불을 기억하라

"세상을 바꾸려는 사람들보다 세상에 의해 바뀌지 않으려는 사람들이 세상을 바꿀 것이다."

-이문재(시인)

2003년 국제 학술지 〈네이처〉에 재미있는 실험 하나가 소개됐어. 네덜란드 출신의 영장류학자인 프란스 드 발은 원숭이를 대상으로 차별에 대한 반응 실험을 했지.

두 마리 원숭이를 서로 볼 수 있는 투명한 아크릴판 우리에 각각 가뒀어. 실험자는 원숭이들에게 조약돌을 건네주고, 원숭이가 돌려주면 오이를 보상으로 줬지. 여기까지는 평범한 실험이었어.

그런데 한쪽 원숭이에게 오이 대신 포도를 보상으로 줬지. 이제부터 아주 재미있어지는데, 옆 칸 원숭이의 반응이 압권이야. 다른 원숭이가 오이 대신 포도를 받아먹는 모습을 지켜본 옆 칸의 원숭이는 자기도 오이 대신 포도를 받게 되리라 기대했어. 그러나 그 원숭이에게는 실험자가 포도가 아닌 오이를 줬던 거야. 오이를 받아든 원숭이는 오이를 받자 바로 실험자를 향해 오이를 던져 버렸지. 자기에게도 포도를 달라는 항의 표시였어. 차별에 대한 반감, 불공정에 대한 분노는 지능을 지닌 동물의 본능 안에 내재되어 있는 듯해. 차별하는 게 본능인지는 확실치 않지만, 차별에 대한 분노가 본능인 건 확실해 보이지. 실험 영상은 왼쪽의 테드 강연 QR코드를 찍으면 볼 수 있어.

문화인류학자 마가렛 미드는 인류 문명의 첫 번째 지표가 무엇이라고 생각하느냐는 질문을 받았어. 쉽게 말해, 무엇이 문명 이전과 이후를 갈라놓았느냐는 거야. 마가렛 미드의 대답은 뜻밖이었지. 돌도끼나 불의 사용, 농기구나 농사의 시작이 아니라 '치유된 넓적다리뼈'라고 답했거든. 넓적다리뼈라니, 정말 예상 밖의 대답이지?

마가렛 미드의 설명은 이래. 약한 놈이 강한 놈에게 먹히는 약육강식의 야생에서 다리가 부러지면 죽음을 피하기 어렵지. 식량을 구하는 것도, 포식자로부터 도망가는 것도 쉽지 않기 때문이야. 결국 약육강식의 법칙이 지배하는 곳에선 치유된 넓적다리뼈가 발견될 수 없어. 부상당한 사람, 몸이 약한 사람, 장애가 있는 사람을 돌보지 않는 곳에서도 치유된 뼈는 발견되지 않지.

치유된 넓적다리뼈가 발견됐다는 것은 누군가 다리뼈가 부러진 이를 돌봤다는 뜻이야. 부상자에게 잠자리와 먹을거리를 제공하고 맹수의 공격도 막아 주었을 테지. 이를 '연민' 또는 '연대'라고 부를 수 있어. 연민이나 연대를 발휘하려면 누군가는 위험을 감수해야 했을 거야. 부족한 식량을 나누고, 맹수의 공격을 막아 주는 일은 그만큼 위험이 따를 테니까.

그러나 그런 연대와 연민 덕분에 인류는 부족한 신체적 능력에도 불구하고 살아남아 문명을 일굴 수 있었지. 사람이 다른 사람에게 너나없이 어깨를 내밀고 곁을 내어 주는 일이야말로 인류 문명을 밑에서 떠받친 힘이었어. 연민과 연대가 문명의 시작인 셈이지. 우리는 바로 그 연대의 자손이야. 우리가 연대하며 살 수밖에 없고, 연대하며 살아야 하는 까닭이지.

연대와 포용은 모두를 살리지만, 차별과 배제는 서로를 죽이지. 미움은 아무도 구할 수 없어. 증오와 혐오는 타자를 죽

이고 세상을 망치는 악(惡)이야. 차별과 배제가 왜 서로를 죽일까? 차별이 또 다른 차별을 낳고, 혐오와 폭력으로 번지기 때문이지.

2017년 영화배우 메릴 스트립이 골든 글로브 시상식에서 이런 말을 했어. "무례는 무례를 부르고, 폭력은 폭력을 낳는다." 메릴 스트립의 연설은 장애인과 이민자 등을 향해 차별과 혐오를 부추기는 트럼프 전 미국 대통령을 겨냥했던 거였어. 메릴 스트립은 공개적인 자리에서 권력자가 약자나 소수자를 향한 혐오 감정을 드러내면 그것이 사회 전체에 퍼질 수 있다고 꼬집었지. 권력자의 그런 태도가 다른 사람들도 그렇게 행동해도 된다고 승인하는 것과 같기 때문이야.

인류는 차별과 배제가 끔찍한 비극으로 치달은 역사를 기억하고 있지. 독일 나치는 홀로코스트(대량 학살)로 수많은 유대인을 죽였어. 홀로코스트 희생자에 유대인만 있었던 건 아니야. 나치는 600만 명의 유대인을 포함해서 1100만 명을 학살했어. 유대인을 비롯해서 집시, 부랑자, 장애인, 정치범, 동성애자, 공산주의자 등이 희생됐지. 이들의 공통점이 뭘까? 약자와 소수자였다는 거야.

나치 시대의 독일만큼은 아닐지라도, 우리 사회의 차별도 심각한 수준에 이르렀어. 국가인권위원회는 2020년 차별에 대한 국민인식조사를 실시했지. 조사 결과, 한국 사회에서 차별이 심각한 수준이라고 답한 응답자가 82퍼센트나 됐어. 가장 심각한 차별로 성별, 고용 형태, 학벌, 장애, 빈부 격차 등을 꼽았지. 차별은 코로나19와 비슷해. 면역력, 그러니까 인권에

대한 감수성이 약해지면 금세 전염되고 말지.

남한테 차별받지 않는 것 못지않게 남을 차별하지 않는 게 중요해. 사람의 정체성에는 여러 속성이 포개져 있어. 그래서 이곳에선 차별받지 않더라도 저곳에선 차별받기도 하지. 한국에서 이주민을 차별하던 사람도 미국에 이민을 가면 똑같은 인종차별을 당할 수 있지. 또, 나이에 대한 차별이 있는 사회에선 누구나 나이 들어서 차별당할 수 있어. 내가 한 차별이 어느새 나에게 되돌아오는 거야. 차별하지 않을 때 차별받지 않는다는 사실을 기억해야겠지.

한 번도 성소수자를 만나서 진지하게 대화해 본 적 없는 사람들이 성소수자에 대해 다 아는 것처럼 얘기하며 혐오하기도 하지. 난민의 억울한 사정에 귀 기울여 보지 않았으면서 난민에 대해 다 아는 것처럼 말하며 차별하기도 하고. 이것은 치명적인 함정이야. 왜냐하면 다 안다고 생각하기에 영원히 알지 못하게 되거든. 이미 다 안다고 생각하는데 굳이 더 알려고 시도하겠어? 다 안다는 생각은 착각일 뿐이야.

마주치거나 부딪히지 않고 이해되는 것은 이 세상에 없어. 철학자 마틴 부버는《나와 너》에서 "모든 참된 삶은 만남이다" 라고 말했지. 누군가를 차별하기 전에, 먼저 다가가서 알아보자. 직접 만날 수 있다면 가장 좋겠지만, 그러지 못하더라도 책이나 영화, 언론 인터뷰 등 다른 사람의 이야기를 들을 방법은 얼마든지 있거든. 편견의 장막을 거두고 있는 그대로 그들의 목소리에 귀 기울여 봐. 딱 한 번만이라도 말이야. 판단은 그 후에 해도 늦지 않아.

2002년 아동 권리를 주제로 열린 유엔아동특별총회에 전 세계에서 온 18세 미만 대표자들이 참석했어. 대표자들은 선언문을 통해 이렇게 선언했지. "우리는 아동(어린이뿐만 아니라 만 18세 미만 청소년을 포함한 말이야)에게 꼭 맞는 세상을 원해요. 우리에게 맞는 세상은 모두에게도 맞는 세상일 테니까요. (…) 당신들은 우리를 '미래'라고 부르지만, 우리는 또한 '현재'랍니다."

청소년에게 좋은 세상을 만드는 일은 모두에게 좋은 세상을 만드는 일이야. 차별 없는 세상을 만들 이도, 청소년을 억압에서 해방할 이도 바로 청소년 자신이야. 3·1운동, 광주학생항일운동, 4·19혁명, 5·18민주화운동의 공통점이 뭘까? 운동의 중심에 청소년이 있었다는 점이야. 청소년이 나서서 차별의 고리를 끊고 폭력의 도미노를 멈춰야 해. 우리도 어른이 되면 지금의 마음을 잃어버릴지도 모르니까, 바로 지금 여기에서 시작해야 해. 어른들이 해내지 못한 일이지만, 우리가 할 수 있어.

인류의 역사는 해방의 역사였고, 모든 해방은 자기 해방이었어. 여성 해방은 수많은 여성들이 싸워서 이뤄 낸 거야. 1968년 프랑스에서는 학생과 노동자가 연합해 일으킨 68혁명이 사회를 뿌리부터 뒤흔들었어. 기존 제도에 대한 변혁 요구가 들끓었지. 이후 프랑스는 사립 명문대를 전부 국립대로 전환하고 대학을 평준화했어. 그 일환으로 대학 이름도 '파리1대학', '파리2대학' 등으로 바꿨지. 그때 당시 명문대였던 소르본 대학을 정점으로 한 대학 서열 체제를 무너뜨린 장본인이 바로 프랑스 고등학생들이었어.

우리 안에 있는 잠재력과 선한 의지를 믿을 필요가 있어. 인류 멸망 이후의 참혹한 세계를 그린 《더 로드》라는 소설이 있어. 이 소설에는 아버지와 어린 아들이 등장하지. 먹을 게 귀해진 세상에서 일부 생존자들은 다른 생존자들을 사냥해서 배를 채우지. 말 그대로 '인간 사냥'이야. 인류가 멸망하자 법도 도덕도 모두 무너져 버렸거든. 그러나 아버지와 아들은 인간성을 잃지 않으려고 사투를 벌이지.

아버지는 아들에게 불을 꺼뜨려선 안 된다고 말해. 어떤 불이냐는 아들의 물음에 아버지는 이렇게 대답하지. "네 안의 불." 여기서 불은 용기, 희망, 인간성, 선한 의지 등을 상징해. 너희 안에도 한 조각의 불씨가 숨어 있어. 불을 품었기에 우리는 스스로 빛날 수 있고 다른 사람에게 온기를 건넬 수도 있지. 그러니 너희 자신을 믿고 나아가야 해. 누구나 불씨를 살려 희망의 꽃을 피워 낼 수 있어.

2021년 봄
오승현